OUVRAGES DU MÊME AUTEUR

Le Clergé sous la Troisième République (A. SAVINE, éd.) — Ouvrage honoré de la Bénédiction de S. S. Léon XIII et approuvé par Mgr Trégaro, Mgr de Cabrières, Mgr Lesur, Mgr Fèvre, etc. — 3ᵉ édition.

A Paris sous la Terreur (A. SAVINE, édit.). — Préface par Armand Silvestre. — Médaille d'honneur de la Société nationale d'Encouragement au Bien. — 1 vol. 2ᵉ édition.

Les Sœurs des Hôpitaux (A. SAVINE, éd.). — 1 vol. (Préface par Jacques de Biez et lettres de MM. Jules Simon, François Coppée, Sully-Prudhomme, Paul Bourget, E. de Goncourt, etc.) — 3ᵉ édition.

Précis de l'Histoire de l'Art (DELALAIN frères, éd.). — Rédigé conformément aux programmes officiels de l'Enseignement secondaire des jeunes filles (médaille d'argent). — 1 vol. 3e édition.

Histoire des Beaux-Arts et des Arts appliqués à l'Industrie (E. BERNARD et Cⁱᵉ, éd.). — Ouvrage adopté par la ville de Paris (médaille d'argent). — 1 vol.

Michel-Ange, Raphaël et Hippolyte Flandrin (DELHOMME et BRIGUET, éd.). — 1 vol.

Histoire de l'Art en France (GÉDALGE Jeune, éd.). — 1 vol.

Histoire de l'Art chrétien (Bloud et Barral, éd.). — 2 vol.

SOUS PRESSE

Les Sculpteurs de la Renaissance italienne. — (En collaboration avec M. L.-O.-V. Scribe, conservateur du Musée de Romorantin.) — 1 vol.

Notre Puissance missionnaire. — (En collaboration avec l'abbé Desportes). — 1 vol.

EN PRÉPARATION

Le Clergé pendant la Commune. — 1 vol.

Le Clergé pendant la Terreur.

Monsieur Renan. — (En collaboration avec l'abbé Desportes.)

ÉMILE COLIN. — Imprimerie de Lagny.

FRANÇOIS BOURNAND

FRANÇOIS BOURNAND
Professeur à l'École professionnelle Catholique.
LE CLERGÉ
PENDANT
LA GUERRE
1870-1871
Illustrations
Par Barentin et Serendat de Belzim
PARIS
LIBRAIRIE SAINT-JOSEPH
TOLRA, ÉDITEUR
112, bis, RUE DE RENNES

LE CLERGÉ

PENDANT LA GUERRE

(1870-1871)

Au docteur *GOUEL*

*Médecin en chef de l'hôpital de Villepinte, chevalier de la Légion
d'honneur.*

Affectueux souvenir

de son ami dévoué et reconnaissant

François BOURNAND

Juillet 1891.

PRÉFACE

Cher Monsieur,

Vous me demandez une préface. Je vous avoue que votre demande est un vrai plaisir pour moi, car elle me fournit l'occasion de parler un peu de ce BRAVE CLERGÉ *que depuis quelques années on cherche tant à abaisser quand il mériterait tant d'être élevé.*

J'ai dit le mot BRAVE *en parlant du* CLERGÉ *et je me suis servi de ce mot avec intention.*

Nombreux sont ceux qui accusent de manquer de bravoure les ministres du Seigneur, depuis ceux qui ont crié « SAC AU DOS LES CURÉS ! » jusqu'à ceux qui, dans les journaux francs-maçons, leur jettent continuellement à la tête de tristes, lâches et dégoûtantes injures.

Votre livre, cher Monsieur, paraît justement à un moment favorable pour relever ces injures ineptes, pour montrer que les membres du clergé sont loin d'être lâches; que, pendant cette guerre franco-prussienne si sanglante, la bravoure, chez eux, s'est élevée jusqu'à l'HÉROÏSME.

A côté des soldats qui défendaient fermement l'honneur du drapeau français, il y avait les prêtres qui les encourageaient, les soutenaient au moment du danger, qui, sur le champ de bataille, relevaient les blessés, donnaient une suprême consolation aux mourants et qui souvent payèrent de leur vie cet héroïsme.

Vous rappelez aussi avec raison que, loin du champ de bataille, les ministres du Christ ont continué avec abnégation leur grande œuvre humanitaire et évangélique.

Vous n'avez pas oublié non plus ces héroïques

sœurs de charité et ces humbles et chers frères de la Doctrine chrétienne, prodiguant à tous nos soldats les trésors de leur dévouement. Vous leur avez consacré quelques pages émues qui seront pour eux la plus douce récompense de leurs nobles actions.

Ceux qui ont tant crié : les CURÉS SAC AU DOS ! auraient dû se rappeler les soins fraternels que les membres du clergé ont prodigués dans les hôpitaux, dans les ambulances, sans crainte de l'épidémie, sans crainte de la mort ; cela vaut bien, je suppose, l'héroïsme du champ de bataille.

Le soldat a pour lui la vue du drapeau, dépôt sacré, emblème chéri de la Patrie, l'odeur de la poudre qui le grise, l'exemple et l'entraînement de ses chefs, la récompense honorifique d'une croix que l'on salue.

Le prêtre n'a rien que les remercîments et les sourires de ceux qu'il soigne et secourt ; pour récompense ici-bas, les injures et les sottises d'un parti haineux. Heureusement pour lui qu'il a autre chose qui le soutient et l'encourage : la foi et l'espérance des récompenses éternelles.

Je vous remercie, cher Monsieur, d'avoir montré la bravoure et l'héroïsme du clergé.

Puisse Dieu bénir votre œuvre, donner le succès à votre livre, car ce succès sera la récompense morale pour tous ceux dont vous louez si éloquemment les actions dignes d'admiration, devant lesquelles l'ennemi lui-même s'est incliné plus d'une fois.

Veuillez agréer, cher Monsieur, l'expression des meilleurs sentiments de

Votre tout dévoué en N.-S.-J.-C.

EMILE LESUR,

Ancien aumônier militaire international en 1870-71. — Chorevêque de Damas. — Protonotaire apostolique ad instar partii. *— Vicaire général de Spra. — Chanoine honoraire de plusieurs basiliques. — Chanoine titulaire de la primatiale de Carthage, etc., etc.*

LE CLERGÉ
PENDANT LA GUERRE
(1870-1871)

INTRODUCTION

LE CLERGÉ ET LA GUERRE

SOMMAIRE

Le prêtre dévoué à la chose publique. — L'amour de la patrie. — Il ne faut pas maudire la guerre. — Hymne de Victor Hugo. — M. Emile Ollivier demande des prières publiques. — Monseigneur Darboy. — L'abbé Combalot. — Une lettre d'un vicaire général. — Une offre de l'abbé Arnault. — Une lettre du provincial des Franciscains-Récollets, du prieur des Dominicains Olivétains. — Le curé de Château-l'Evêque. — Les offres d'aumôniers. — Mgr l'évêque de Beauvais. — Les 10,000 francs de l'abbé André. — Les élèves des petits séminaires et des écoles ecclésiastiques. — Une guerre atroce. — Un vainqueur sans pitié. — Le bombardement. — Les protestations. — La ville de Metz le jour de la fête de l'empereur d'Allemagne. — Le champ aux trois couleurs de France. — Les héros ignorés. — Catholiques de France et protestants de Prusse.

C'est pendant la guerre franco-prussienne que le

prêtre a montré qu'il était citoyen, qu'il vivait, lui aussi, pour la chose publique.

Cet amour de la patrie qui tient le cœur par tant de fibres secrètes et qui tue lentement, il a montré qu'il l'éprouvait, lui aussi. ·

Cette affection terrestre, humaine, qu'il paraissait ne pas connaître, était tout simplement cachée chez lui et s'est fait jour aux heures du malheur.

Après la cité de Dieu, il a pensé à la cité des hommes.

Il a pensé que son ministère était aussi utile pendant la guerre que pendant la paix.

« Il ne faut pas maudire la guerre, a dit M. Léon Aubineau, elle est nécessaire, quelquefois permise et voulue de Dieu. »

Ce Dieu est cependant un Dieu de paix. C'est un mystère. La guerre est une grande école pour les hommes et pour les peuples; elle est toujours redoutable; on ne doit pas la souhaiter. Il faut savoir la faire : c'est un devoir de s'y appliquer, et ceux qui pratiquent le noble métier des armes ont des vertus qui les relèvent aux yeux des hommes et les rendent chers aux populations. L'abolition de la guerre est une utopie prudhommesque où le patriotisme et la vertu de l'homme ne trouveraient pas plus leur compte que la majesté et la gloire divines.

D'ailleurs le poète les a glorifiés, ceux qui sont morts pour la patrie. Il a demandé la prière pour eux.

HYMNE

Ceux qui pieusement sont morts pour la Patrie
Ont droit qu'à leur cercueil la foule vienne et prie.
Entre les plus beaux noms leur nom est le plus beau.
Toute gloire près d'eux passe et tombe éphémère,
  Et comme ferait une mère,
La voix d'un peuple entier les berce en leur tombeau.

  Gloire à notre France éternelle !
  Gloire à ceux qui sont morts pour elle !
  Aux martyrs, aux vaillants, aux forts !
  A ceux qu'enflamme leur exemple,
  Qui veulent place dans le temple,
  Et qui mourront comme ils sont morts !

C'est pour ces morts, dont l'ombre est ici bienvenue,
Que le haut Panthéon élève dans la nue
Au-dessus de Paris, la ville aux mille tours,
La reine de nos Tyrs et de nos Babylones,
  Cette couronne de colonnes
Que le soleil levant redore tous les jours !

  Gloire à notre France éternelle !
  Gloire à ceux qui sont morts pour elle !
  Aux martyrs, aux vaillants, aux forts !
  A ceux qu'enflamme leur exemple,
  Qui veulent place dans le temple
  Et qui mourront comme ils sont morts !

Ainsi, quand de tels morts sont couchés dans la tombe,
En vain l'oubli, nuit sombre où va tout ce qui tombe
Passe sur leur sépulcre où nous nous inclinons.
Chaque jour, pour eux seuls se levant plus fidèle,
La gloire, aube toujours nouvelle,
Fait luire leur mémoire et redore leurs noms !

Gloire à notre France éternelle !
Gloire à ceux qui sont morts pour elle !
Aux martyrs, aux vaillants, aux forts !
A ceux qu'enflamme leur exemple,
Qui veulent place dans le temple,
Et qui mourront comme ils sont morts ! (1)

Dès les débuts de la guerre, les pouvoirs publics donnent les premiers l'exemple (2) de la soumission envers le Dieu des armées.

Le ministre, M. Emile Ollivier, écrit aux prélats de France :

« Monseigneur,

» Je vous prie, au nom de Sa Majesté, de vouloir

(1) Victor Hugo.

(2) L'*Univers* du 15 juillet 1870 publie ces lignes :

« L'empereur qui, mardi matin, s'est approché de la Sainte Table avec son fils, l'impératrice, qui a souvent donné de nobles exemples de foi, le maréchal ministre de la guerre, dont on cite les bons et généreux sentiments, ne voudront pas que notre armée soit privée sur le champ de bataille des secours religieux... Ils ne peuvent d'ailleurs ignorer quelle force morale puiseront dans le sacrement de Pénitence la plupart de nos soldats.

» Eugène Veuillot. »

bien ordonner des prières publiques dans votre diocèse. Mettez la France et son chef, et le noble enfant qui va combattre avant l'âge, sous la protection de Celui qui tient dans ses mains le sort des batailles et la destinée des peuples. Au moment où notre héroïque armée se met en marche, demandez à Dieu de bénir nos armes et de permettre qu'une paix glorieuse et durable succède bientôt aux douleurs et aux déchirements de la guerre.

» Agréez, Monseigneur...

» EMILE OLLIVIER (1). »

Le 26 juillet 1870.

L'archevêque de Paris, Mgr Darboy, dès le début de la guerre, avant l'apparition de cette lettre, écrit à tous les curés de son diocèse pour les autoriser et les

(1) La paroisse de Notre-Dame des Victoires donne un bel exemple de patriotisme qui sans doute sera imité. Tous les jours, à huit heures du matin, une messe est célébrée à l'autel de la Sainte Vierge pour les officiers, sous-officiers et soldats de l'armée en campagne et pour le succès de nos armes. (L'*Univers*, 25 juillet 1870.)

engager à convertir leurs églises et leurs presbytères en ambulances pour secourir les blessés français (1).

Il est des premiers à ordonner des prières pour l'armée française.

Son exemple est suivi de tous côtés. Il faut voir l'admirable émulation du clergé.

Le 21 juillet 1870, l'abbé Combalot, missionnaire apostolique, adressait la lettre suivante au ministre de la guerre :

« Monsieur le Ministre,

» Pour appeler la protection du Dieu des armées sur nos intrépides soldats, Votre Excellence a dans la main un moyen infaillible : c'est de demander à l'épiscopat français autant de prêtres que notre armée compte de régiments.

» L'influence moralisatrice de deux cents prêtres preux, zélés et doués de cette éloquence de l'âme que le soldat (et particulièrement le soldat français) com-

(1) Le secrétaire de Mgr Darboy, M. l'abbé Bayle, avait fait le relevé des ambulances du clergé parisien qui s'élevait au chiffre de 634, comprenant 19,617 lits. — Sur ces ambulances 114 avaient été fondées spécialement et étaient entretenues par le clergé de Paris.

prend si bien, serait incalculable sur une armée comme la nôtre.

» Nos soldats ont tous été élevés chrétiennement. Ils aiment le prêtre, et la conscience du soldat chrétien ne s'ouvre véritablement qu'au prêtre.

» Dans nos armées apostoliques, monsieur le Ministre, combien de fois depuis cinquante ans n'ai-je pas entendu des maréchaux, des généraux, des militaires de tout grade se plaindre du vide immense que l'absence des aumôniers de régiment laisse dans notre armée ?

. . . .

» Les peuples schismatiques et protestants, dont les croyances incertaines reposent, non sur la *peine éternelle*, mais sur le sable des opinions mobiles du rationalisme, ont des ministres, même assez nombreux, dans leurs armées, pour les besoins religieux du soldat ; et, nous, qui sommes les fils des croisés, les enfants de la fille aînée de l'Église, nous allons à la guerre sans la croix qui a sauvé le monde et civilisé l'Europe, sans l'oriflamme de saint Denis, sans les pontifes et sans les prêtres du Dieu des armées !

» Une *guerre d'extermination*, peut-être, va commencer. Ces machines, que je puis appeler *infernales*, vont *diminuer*, sinon *remplacer*, le génie des batailles. Malheur donc à nous si nous ne comptions que sur les engins nouveaux et terribles ! Malheur à nous, malheur à la France si Dieu n'était pas avec nous ! Or, Dieu ne serait pas avec nous si nous allions faire la guerre à la Prusse, en se passant, comme nous l'avons fait, depuis quatre-vingts ans, de la croix de Jésus-Christ, du culte sacré, de la prière publique, de la messe célébrée en tête de nos régiments, du pontife, du prêtre et de la sœur de charité pour bénir, consoler et soigner nos généreux soldats sur les champs de bataille.

» Agréez...

» L'ABBÉ COMBALOT,
» missionnaire apostolique. »

Le 11 août 1870, l'*Écho de la Mayenne* publiait la lettre suivante :

« Monsieur le Rédacteur,

» Dans les circonstances si graves où nous nous trouvons, il serait extrêmement regrettable que le clergé parût ne pas s'associer au généreux élan avec lequel on souscrit de tous côtés pour les blessés de l'armée et de la marine.

» C'est pour ce motif que je viens vous prier de vouloir bien accorder au moins une mention dans vos colonnes à la souscription ouverte par la *Semaine religieuse* du diocèse.

» Cette souscription, en tête de laquelle Mgr l'évêque a été inscrit pour 500 francs, ne s'est pas proposé d'autre but que de multiplier les offrandes, et les fonds qu'elle aura recueillis seront ultérieurement versés dans la caisse des comités de Laval.

» Agréez, monsieur le rédacteur, l'assurance de ma considération très distinguée.

» WICART,
» vicaire général. »

Le 20 août, M. l'abbé *Arnault*, curé de Sainte-Marguerite à Paris, demandait au ministre de la guerre huit *soldats* blessés qui se trouveraient au presbytère dans d'excellentes conditions hygiéniques et pouvant jouir d'un vaste jardin. M. le curé terminait ainsi sa demande : « *Je les soignerai comme un père soigne ses enfants.* »

Deux jours plus tard, c'est une lettre du provincial des Franciscains.

22 août 1870.

« Monsieur le Ministre,

» Dans un autre temps, les Franciscains-Récollets ont eu l'honneur d'être aumôniers des armées et des flottes de la France.

» Ils seraient heureux, dans les circonstances actuelles, de suivre les traces de leurs prédécesseurs dans ce glorieux ministère. Si Votre Excellence ne peut les recevoir à ce titre, ils sollicitent au moins la faveur de donner leurs soins aux blessés dans les ambulances et sur le champ de bataille. Dans l'espoir de voir accueillir formellement notre demande, j'ai l'honneur d'être, etc...

» P. DENIS,
» Provincial des Franciscains-Récollets de France. »

Le lendemain, ce sont les Bénédictins qui réclament leur place.

A M. le préfet du Gers.

Monastère de Notre-Dame du Mont Olivet, près Auch, 23 août.

« Monsieur le Préfet,

» Ayant appris que plusieurs établissements d'Auch venaient d'être mis à la disposition du Gouvernement

de l'Empereur pour recevoir les blessés de notre glorieuse armée, nous vous offrons de nous y transporter
tous pour leur prodiguer nos soins ; et, quant aux
fournitures de linge et de provisions, nous ferons tout
ce qui sera en notre pouvoir. Ce sera un vrai bonheur
pour nous, Monsieur le Préfet, si on nous accorde
l'honneur que nous sollicitons ; nous sommes dans
l'attente de vos ordres.

» Veuillez agréer les sentiments de profond respect
avec lesquels j'ai l'honneur d'être, Monsieur le Préfet, votre très humble et très obéissant serviteur.

» Dom Bernard de Bainville,

» Prieur des Bénédictins Olivétains, chanoine honoraire d'Auch. »

Le 22 août, Mgr de Ségur recevait la lettre suivante :

Château-l'Évêque, 21 août.

« Monseigneur,

» Dans le malheur public que la France et l'Église
éprouvent ensemble, je viens offrir mes humbles services au Comité de secours pour nos malheureux
blessés.

» Je m'offre à recueillir dans mon presbytère, à garder et à rendre sain et sauf à la patrie, *un blessé fran-*

çais que le comité, d'accord en cela avec l'autorité militaire, aura dirigé sur Château-l'Évêque à mon adresse.

. . . .

» PETIT,
» Curé de Château-l'Évêque. »

Le *Journal officiel* de l'Empire à la date du 22 août publiait l'avis suivant :

« Mgr l'évêque de Poitiers vient d'informer le Gouvernement que tous les prêtres valides de son diocèse s'offrent à lui pour aller, en qualité d'aumôniers, donner des secours spirituels aux soldats sur le champ de bataille, et que tous les séminaristes demandent à servir d'infirmiers, soit dans les établissements diocésains entièrement mis à la disposition des blessés, soit dans les ambulances et les hôpitaux, si leurs soins y sont agréés. Au premier signal donné, ajoute le prélat, les uns et les autres se mettront en marche et seront à l'œuvre. »

Mgr l'évêque de Beauvais faisait en même temps des offres pour les ambulances :

Beauvais, le 22 août 1870.

« Monsieur le Préfet,

» J'ai l'honneur de vous informer que je mets à la disposition de l'administration, pour servir d'ambulances, un grand séminaire et une maison de campagne à Goincourt, ainsi que les deux petits séminaires de Saint-Lucien et de Noyon.

» Les professeurs de ces établissements et les séminaristes se feront un devoir de remplir l'office d'infirmiers auprès des blessés et des malades, et j'espère d'ailleurs pouvoir réunir un certain nombre de religieuses pour compléter ce service et le mettre dans les meilleures conditions possibles.

» Madame la supérieure du Sacré-Cœur me prie de vous dire qu'elle offre, de son côté, trente lits pour les blessés et qu'elle se charge d'assurer les soins d'infirmerie à l'aide de ses religieuses.

» Veuillez agréer, etc.

» † JOSEPH ARMAND,
» Évêque de Beauvais, Noyon et Senlis. »

*
* *

Les prêtres suivent l'exemple de leurs chefs.

C'est *l'abbé André*, curé de Lorgnes (Vaucluse), qui offre le 4 avril une somme de 10,000 francs, payable le lendemain de son décès à l'enfant, garçon ou fille, d'un sous-officier mort sur le champ de bataille pendant la guerre.

Le 17 août le conseiller d'État remerciait par lettre

l'abbé « au nom de l'armée » et lui exprimait combien il était ému par ces sentiments patriotiques et généreux.

Les élèves des petits séminaires et des écoles ecclésiastiques refusaient leurs prix pour que le montant en fût affecté aux souscriptions pour les soldats.

A la date du 10 août, le comité catholique de secours à l'armée avait déjà réuni pour plus de 50,000 francs d'objets en nature.

Le curé de Clair, *l'abbé Gélas*, écrit le 23 juillet :

. . . .

« Pour mon compte, je me présente comme le candidat de mon diocèse ; j'abandonnerai facilement ma belle paroisse pour avoir l'honneur d'être utile à nos soldats..... »

Le 19 juillet 1870, MM. *Dulac*, vicaire général, et *Fonteneau*, vicaire général, adressaient au clergé du diocèse de Bordeaux un pressant appel pour prier pour l'armée française et envoyer des secours.

Si nous voulions, cette liste atteindrait les proportions d'un volume.

L'empressement du clergé catholique fait d'ailleurs un contraste frappant avec la timide ardeur patriotique des membres de l'Université.

Le commandant d'artillerie prussien est debout, dans sa morgue
traditionnelle... (Page 28.)

« L'Université, qui n'a pas jugé à propos de suivre l'exemple des établissements catholiques en donnant l'argent des prix pour les blessés, ne se montre pas non plus très pressée de convertir en ambulances ses collèges et lycées. Pour nos maisons religieuses, c'est déjà fait, et beaucoup d'entre elles ont depuis quelque temps des blessés à soigner. Où en est-on dans les établissements universitaires ? M. le ministre de l'instruction publique (1) combat cette lenteur à coups de circulaires (2). »

Du reste, s'il y eut jamais une guerre où le besoin du prêtre se fit sentir, ce fut la guerre de 1870-1871, guerre atroce, implacable, où il semble que la haine du protestantisme allemand ait fait tous ses efforts pour accabler la France catholique.

Il faudrait retourner de nombreux siècles en arrière, aux époques les plus barbares, pour voir de pareils faits de cruauté, de vandalisme. Nulle pitié de la part du vainqueur.

Pendant que, dans les ambulances françaises, des aumôniers français catholiques, des sœurs de charité

(1) M. J. Brame.
(2) L'*Univers*, 29 août 1870.

secourent comme s'ils étaient leurs frères les blessés de l'Allemagne victorieuse, les Prussiens tirent sans pitié sur des hôpitaux, sur des églises, sur des ambulances protégées par la croix de Genève, de cette société internationale dont fait partie la reine de Prusse Augusta.

Ici on soigne des Allemands, là on tue sans pitié les malades et les blessés.

Les batteries sont dressées sur une circonférence de plusieurs lieues (1). Le commandant d'artillerie prussien est debout, dans sa morgue traditionnelle grandement accrue par le sentiment excessif de sa science et de sa nationalité. Le cigare aux lèvres, la casquette ronde inclinée sur l'oreille droite, il désigne du doigt le canon le plus homicide, l'obus le plus meurtrier, la bombe la plus incendiaire. Il cherche sur la carte de Paris, et essaye de marquer à l'horizon le point où le coup frappé fera les plus grands ravages ; il règle le tir d'après toutes les règles de l'art le plus perfectionné. Feu ! Il envoie la mort ! la mort est partie !

Il a suivi son projectile dans sa course rapide à travers les airs ; il l'a vu en esprit tomber sur une église, dans un dortoir d'hôpital ou d'hospice, dans une salle

(1) L'*Univers*, 25 janvier 1871.

d'ambulance, sur un monument par lui tant admiré autrefois.....

Il rit sous sa moustache blonde.

La bombe a frappé peut-être un enfant au berceau, un vieillard penché vers la tombe, une pauvre femme qui demandait un morceau de pain, une pieuse fille de la charité. Hurrah! Instrument de la mort, il a fait son grand œuvre, et la patrie allemande lui sera reconnaissante (1)!

Le 10 janvier 1871, le gouvernement de la Défense nationale publia ce document, qui respire la tristesse et l'indignation :

« Après un investissement de plus de trois mois, l'ennemi a commencé le bombardement de nos forts le 27 décembre, et six jours après celui de la ville. Une pluie de projectiles, dont quelques-uns pesant 94 kilogrammes, apparaissant pour la première fois dans l'histoire du siège, ont été lancés sur la partie de Paris qui s'étend depuis les Invalides jusqu'au Muséum. Le feu a continué jour et nuit sans interruption, avec une telle violence que, dans la nuit de 8 au 9 janvier, la partie de la ville située entre Saint-Sulpice et

(1) L'abbé F. Moigno.

l'Odéon recevait un obus par chaque intervalle de deux minutes.

» Tout a été atteint ; nos hôpitaux regorgent de blessés, nos ambulances, nos écoles, les musées et les bibliothèques, les prisons, l'église de Saint-Sulpice, celles de la Sorbonne et du Val-de-Grâce, un certain nombre de maisons particulières ; des femmes ont été tuées dans la rue, d'autres dans leur lit ; des enfants ont été saisis par des boulets dans les bras de leurs mères ; une école de la rue de Vaugirard a eu quatre enfants tués et cinq blessés par un seul projectile.

» Le musée du Luxembourg, qui contient les chefs-d'œuvre de l'art moderne, et le jardin où se trouvait une ambulance, qu'il a fallu faire évacuer à la hâte, ont reçu vingt obus dans l'espace de quelques heures. Les fameuses serres du Muséum, qui n'avaient point de rivales dans le monde, sont détruites.

» Au Val-de-Grâce, pendant la nuit, deux blessés, dont un garde national, ont été tués dans leur lit. Cet hôpital, reconnaissable à la distance de plusieurs lieues par son dôme que tout le monde connaît, porte les traces du bombardement dans ses cours, dans ses salles de malades, dans son église dont la corniche a été enlevée.

» Aucun avertissement n'a précédé cette furieuse attaque. Paris s'est trouvé soudain transformé en champ de bataille, et nous déclarons avec orgueil que les femmes s'y sont montrées aussi intrépides que les citoyens. Tout le monde a été envahi par la colère, mais personne n'a senti la peur.

» Tels sont les actes de l'armée prussienne et de son roi présent au milieu d'elle. Le gouvernement les constate pour la France, pour l'Europe et pour l'histoire.

» Les médecins et les administrateurs des hôpitaux protestèrent successivement. Ceux de l'hospice des Enfants malades, le 10 janvier; ceux de l'École des Frères de Saint-Nicolas, le même jour.

On lit dans ce dernier document : « Dans la nuit du
» 8 au 9 janvier, à deux heures du matin, les obus pas-
» saient en si grand nombre au-dessus de l'établisse-
» ment de Saint-Nicolas rue de Vaugirard, que les
» Frères durent faire lever les enfants pour les mettre à
» l'abri. Le signal de descendre était donné lorsqu'un
» obus de 17 centimètres, traversant la toiture, vint
» éclater au milieu des enfants; cinq d'entre eux, âgés
» de douze à quatorze ans, sont morts sur le coup,

» horriblement mutilés ; six autres sont blessés très
» gravement... »

» L'établissement dirigé par les Frères des Écoles
chrétiennes, dont on a si bien apprécié la conduite sur
le champ de bataille, renferme 1,100 enfants, appartenant pour la plupart à des parents nécessiteux... Les
enfants ont été rendus à leurs familles pendant les
quelques jours que peut encore durer l'horrible atten-
tat... »

Des ambulances furent défoncées à coups d'obus ;
des enfants malades, des blessés furent tués. Des
frères, des sœurs de Charité que devait protéger la
croix de Genève tombèrent pour ne plus se relever.

Dans les villages, des pauvres prêtres coupables
d'aimer la France et leurs paroissiens furent saisis,
garottés, fusillés ou emmenés comme de vulgaires mal-
faiteurs.

Des scènes de carnage, de violence inouïes eurent
lieu sur cette belle terre de Lorraine qui avait vu
naître Jeanne d'Arc la douce héroïne.

On pourrait les citer par centaines les francs-tireurs,
des paysans, les enfants, les femmes, lés prêtres,
violentés par les Barbares ; aussi la Lorraine se
souviendra-t-elle jusqu'au jour de la revanche.

Voyez maintenant, au milieu de ces ruines, au milieu de cette belle Lorraine dont elle n'est pas maîtresse, la désolée ville de Metz.

Là, rien n'a pu abaisser l'inflexible orgueil des âmes toujours françaises. Metz attend avec tristesse et dédain l'heure de sa délivrance ; elle garde encore, après de si grandes infortunes, une dignité singulière.

Un spectacle à la fois étrange et curieux est celui de la fête de l'empereur d'Allemagne à Metz.

Le matin, par ordre, l'évêque officie dans la belle cathédrale ; mais la cathédrale est vide et pas une bouche lorraine n'y prononce une prière. Sur les places, devant les casernes, là où autrefois les régiments français abritaient fièrement les étendards glorieusement troués à Solférino, à Magenta, à Sébastopol, les musiques des régiments aux aigles noires jouent les plus douces symphonies allemandes : mais les places sont désertes, et les bons Lorrains, par patriotisme, fuient la vue de l'ennemi et se privent de la douceur de la musique. Le cortège officiel va à la cathédrale ou au temple, traverse la ville drapeau allemand en tête. Mais les rues sont désertes et pas une tête ne se montre aux fenêtres.

En vain, dans le clocher de la cathédrale, retentit le chant grave des cloches ; en vain le canon et les mélodies allemandes remplissent Metz d'un bruit solennel et charmeur ; lorsque le cortège repasse, le long des rues silencieuses, on sent bien que quelqu'un a manqué à la fête et que la reine de la Lorraine s'est vengée.

*
* *

Rappellerons-nous encore cette touchante histoire qui nous arrive d'Alsace et que nous ont racontée tant de journaux :

Un obstiné patriote, comme il en reste tant par làbas, possède près de Thann un vaste champ que traverse la ligne de chemin de fer prussien. Il y a quelques mois, il eut à soutenir un procès et fut injustement exproprié de sa terre. Notre Alsacien ne se plaignit pas et attendit la saison de la semence. On le vit ensemencer son champ et attendre satisfait que vînt la floraison. Quand arrivèrent les premiers jours de l'été, tout fleuri était le champ. Tout au bord de la voie du chemin de fer, une large bande de bluets s'épanouissait, puis aussitôt après un parterre de marguerites et enfin une large traînée de coquelicots ; les trois couleurs tricolores vivantes, resplendissantes sur la terre volée.

Deux jours après, on trouvait le champ saccagé; mais toute la population, pendant ces quelques heures, était venue pieusement saluer le magique drapeau de la patrie absente.

*
* *

C'est ici que nous pouvons rappeler les adieux patriotiques et touchants que le P. Monsabré adressait à son auditoire à la cathédrale de Metz :

« Les peuples aussi ressuscitent quand ils ont été baignés dans la grâce du Christ; et quand, malgré leurs vices et leurs crimes, ils n'ont pas abjuré la foi, l'épée d'un barbare et la plume d'un ambitieux ne peuvent pas les assassiner pour toujours. On change leur nom, mais non pas leur sang. Quand l'expiation touche à son terme, ce sang se réveille et revient, par sa pente naturelle, se mêler au courant de la vieille vie nationale. Vous n'êtes pas morts pour moi, mes frères, mes amis, mes compatriotes!... Non, vous n'êtes pas morts! Partout où j'irai, je vous le jure, je parlerai de vos patriotiques colères; partout je vous appellerai Français, jusqu'au jour béni où je reviendrai dans cette cathédrale prêcher le sermon de délivrance et chanter avec vous un *Te Deum* comme ces voûtes n'en ont jamais entendu. »

L'auditoire se leva tout entier, et malgré le respect dû au lieu saint, éclata en applaudissements. Les hommes accompagnèrent l'illustre et patriotique prédicateur jusqu'à l'évêché, ou Mgr de Metz, éprouvé par tant de douleurs, le reçut en triomphe.

***

Je voudrais donner une esquisse, si légère fût-elle, de quelques actions de dévouement des membres de notre clergé, de quelque belle vie de prêtre, qui puisse édifier et montrer aux bruyants adversaires que l'Église compte dans sa milice sacrée des hommes qui peuvent composer en héroïsme avec leurs plus vaillants.

Combien sont tombés de ces héros ou de ces héroïnes obscures, — on ne le saura peut-être jamais. — Aucune tombe n'a gardé leurs restes mortels, aucune main amie n'a déposé ces doubles fleurs qui ornent la terre où dorment ceux que nous avons aimés. Les brises du ciel ont dispersé leurs cendres sur cette terre de France qu'ils ont si ardemment aimée et où, peut-être, au temps des ferveurs mystiques, ils auraient été glorifiés comme des amis du Christ.

J'ai voulu surtout dans cette modeste image enseigner

trois choses : l'amour de la France, la première des nations catholiques ; l'admiration et le respect pour le dévouement de notre brave clergé si patriotique aux sombres jours du malheur, et une haine féroce pour les protestants prussiens qui n'ont su respecter nulle part, ni le dévouement obscur des petits qui défendaient le sol natal, ni l'héroïsme des prêtres catholiques, ni même l'infortune du malheur qui s'abritait derrière les murs des hôpitaux que surmontait le drapeau blanc à la croix rouge de Genève.

Si j'ai pu, dans ma modeste sphère, faire entrer un peu de ces trois choses dans l'âme de mes lecteurs ou de mes lectrices, ce sera pour moi un grand bonheur.

FRANÇOIS BOURNAND.

Paris, juin 1891.

LE DÉVOUEMENT DU CLERGÉ DE FRANCE

SOMMAIRE

L'histoire raconte que, las d'un labeur continuel, les compagnons de saint Athanase lui demandèrent un jour :

— Enfin, maître, quand songerez-vous donc à vous reposer ?...

— Nous reposer ? O Seigneur ! y pensez-vous ? exclama le saint presque indigné. N'avons-nous pas l'éternité pour cela ?

Simples prêtres de village, aumôniers, prélats, tous rivalisèrent de patriotisme.

Parmi les aumôniers au service de la France, la plupart des ordres religieux français comptèrent des membres : il y eut des Jésuites, des Dominicains, des Barnabites, des Carmes, des Capucins, des Prémontrés, des Lazaristes, des Oblats et de simples prêtres.

Tous donnèrent l'exemple du plus grand dévouement. Ce ne serait pas un volume qu'il faudrait pour raconter leurs actes de dévouement, trente volumes ne suffiraient pas. Nous sommes forcés de faire un choix bien imparfait et de ne citer que quelques faits intéressants.

*
* *

Elle est devenue populaire cette histoire du brave et héroïque curé des Ardennes qui fut rapportée dans le *Figaro* du 13 septembre 1890, d'après un récit de M. Georges Thiébaud, demandant une souscription à la Ligue des Patriotes pour ce curé de campagne (1).

(1) « Il faut admirer ce vieux prêtre de campagne, dont nous lisions la mort ces jours derniers, dans l'ouvrage qui paraissait

Le commandant allemand déclara que pour la vie de ses hommes, il lui
fallait cinq victimes... (Page 43.)

En 1870, des paysans d'un village des Ardennes reçurent à coups de fusil un bataillon prussien.

Ils tuèrent deux ou trois soldats ennemis.

La population réfugiée dans l'église fut bloquée.

Le commandant allemand déclara que, pour la vie de ses hommes, il lui fallait cinq victimes. Le sort devait les désigner.

On procéda à cette terrible formalité. Un de ceux qui furent marqués pour la mort, était un brave père de famille. Il élevait cinq enfants.

En voyant le désespoir de cet homme, le curé eut une inspiration admirable.

— Mes enfants, dit-il, Dieu défend le suicide, mais il n'interdit pas le sacrifice ; ma vie est moins utile que celle de ce père de famille. Je prends sa place (1).

le moins propre à montrer la persistance, au milieu de nous, des sublimes dévouements gallo-chrétiens, les *Coulisses du boulangisme*. Dans ce livre de faits contemporains, où si peu de personnes tiennent un rôle élégant, on voit soudain apparaître, sous des habits ecclésiastiques, un simple curé de village qui agit et parle comme aux plus hauts temps de la France. » (Jacques de Biez. Lignes empruntées à la préface de notre livre sur les *Sœurs des hôpitaux*.)

(1) « Ma pensée libre, allez, loin de me détourner de cette figure de prêtre, accélère en moi l'admiration pour ce héros, dit Jacques de Biez. Son haut fait n'est point un accident. Il éclate

Où donc est-il le libre-penseur qui accomplirait un tel acte d'héroïsme ? La religion seule peut faire naître de tels dévouements, de si héroïques sacrifices qui honorent tout un peuple.

En récompense de son dévouement, Mgr Langénieux nomma chanoine honoraire M. l'abbé Marteau, curé de Vaux, aussi admirable dans son humilité que dans son héroïsme.

Nous trouvons dans l'*Univers* le récit détaillé et véridique de cet épisode :

parmi nos férocités bourgeoises, comme une survie de l'état d'âme propre à notre famille gallo-française. Les savants diraient : C'est un cas ethnographique. Soit, car c'est bien un trait de race, et des plus fiers. D'où est-il, ce bon curé à qui Dieu ne défend pas le sacrifice, et dont la vie de solitaire, devant l'invasion étrangère, est moins utile que celle d'un père de famille ? Oh ! n'ayez crainte, il n'est pas du sang de cet officier prussien, protestant impitoyable dans sa victoire, qui venait chez nous autant pour venger ses défaites d'antan que pour châtier la nation que les Goths hérétiques de la Poméranie, dans leur langage pharisaïque, qualifiaient gratuitement de Babylone moderne. Qui sait si l'esprit de rancune religieuse d'un Dubois-Raymond, sorti de France à la Révocation de l'Edit de Nantes, ne donnait pas des ordres en sourdine, sous le commandement du traîneur de sabre victorieux, pour faire mourir ce prêtre catholique ? Il est une chose que je veux voir surtout dans cet acte d'héroïsme. Notre bon curé était du pays des Ardennes, la « forêt profonde » de nos Gaulois, les dévots du chêne. C'est la genèse du sol qui l'inspirait pour la plus grande gloire du Christianisme social. » (Préface du livre *Les Sœurs des Hôpitaux*.)

« Le 27 octobre 1870, un engagement eut lieu, sur le territoire de la commune de Vaux-Vilaine, entre un détachement de troupes allemandes et quelques francs-tireurs français. Un sous-officier fut tué; le lendemain, une colonne du 64e landwehr prussienne, détachée du camp de Boulzicourt, occupa le village, s'empara de tous les hommes qu'elle put rencontrer et les renferma dans l'église.

» Le samedi 29 octobre, un conseil de guerre se tint au presbytère. M. le curé de Vaux y fut appelé et y parut deux fois; il affirma sur sa tête qu'aucun de ses paroissiens n'avait tiré sur les Allemands.

» Vers deux heures de l'après-midi, un lieutenant-colonel se présenta au presbytère et dit à M. le curé qu'il était décrété « que cinq des individus enfermés dans l'église seraient fusillés » ; puis il requit son assistance pour leur administrer les secours de la religion ; il lui proposa de désigner, s'il le voulait, les plus méchants qu'il connaîtrait dans sa paroisse ». M. le curé repoussa avec horreur cette dernière proposition.

» C'est alors qu'avec une admirable simplicité, il s'offrit lui-même pour sauver la vie de ses paroissiens; en quels termes, il ne l'a pas révélé. Son héroïque sacrifice ne fut pas accepté.

» Il ne lui restait plus qu'à donner les consolations de son ministère aux malheureux condamnés.

» Laissons-le raconter lui-même la fin de cette lugubre tragédie :

« Arrivé devant cette étrange prison, j'allai me prosterner sur le pavé du sanctuaire et, un instant après, une voix lamentable se fit entendre, disant : « C'est donc moi ! Oh ! mon Dieu ! que va devenir ma « pauvre femme ?... » Un autre s'écriait : « On veut « me faire mourir, mais qu'est-ce que j'ai fait ? »

» En entendant ces cris éplorés, je me redressai sur mes genoux et, tournant la tête, je vis les cinq innocentes victimes sortir des bancs et venir s'agenouiller sur la marche du sanctuaire. Je leur donnai tour à tour le sacrement de réconciliation et les encouragements que réclamait ce moment suprême. J'accompagnai mes chers patients jusqu'au lieu fatal. Là, je leur donnai un dernier baiser de paix et d'abandon à Dieu. Quelques minutes après, mes cinq chères ouailles étaient foudroyées par les balles allemandes. »

M. l'abbé Marteau est mort le 7 mars 1883, entouré du respect et de l'estime de ses paroissiens et de ses confrères.

La conduite du clergé du diocèse de Reims pendant

la guerre de 1870 a été glorieuse. Plusieurs prêtres ont été arrêtés, maltraités, condamnés à mort ; un seul, le curé de Cuchery, M. l'abbé Miroy, a été fusillé.

L'exemple du curé de Vaux-Vilaine n'est pas perdu, et si, ce qu'à Dieu ne plaise ! de tristes circonstances le demandaient, il trouverait des imitateurs.

*
* *

Nous lisions dernièrement dans la *Semaine religieuse* de Versailles le trait suivant de dévouement patriotique de M. l'abbé Marion, curé de Rueil, récemment décédé :

En 1870, au moment de l'invasion, M. l'abbé Marion était aumônier de la prison de Poissy.

Naturellement les soldats de la ligne chargés de la garde de la prison avaient dû rentrer à Paris, de sorte que les détenus n'étaient plus retenus que par l'autorité qu'avaient prise sur eux les employés de la prison, et particulièrement l'aumônier.

Au moment où le grand-duc de Mecklembourg arrivait avec son armée par la vallée de l'Oise, on avait, là comme partout, abattu des arbres sur les routes pour arrêter la marche de l'artillerie et de la cavalerie, et même les Prussiens hulans qui étaient ap-

parus avaient été reçus à coups de fusil. De sorte que
le général prussien mit sur la ville, pour fêter sa bienvenue, une imposition de 150,000 francs exigibles immédiatement.

Il était matériellement impossible de trouver cette
somme à Poissy, les personnes qui n'avaient pas
quitté la ville n'étant pas les plus favorisées de la fortune. A la place du curé de Poissy, alors gravement
malade, M. l'abbé Marion se dévoua pour aller rendre
compte de la situation au chef de l'armée ennemie. Il
lui expliqua qu'il était impossible de trouver en ce moment 150,000 francs à Poissy, et que, dans le désordre
qui allait se produire, les nombreux détenus, que nulle
force militaire ne retenait plus, sortiraient, se répan-
draient dans la ville et aux environs, mettant tout à
feu et à sang, et que l'armée prussienne elle-même aurait fortement à en souffrir.

Le duc fit accompagner l'aumônier à la prison par
un de ses officiers pour se rendre compte de la situation. On trouva, en effet, les détenus dans un grand
état de surexcitation qui ne justifiait que trop les
craintes de l'aumônier.

Le général fit droit aux réclamations de M. l'abbé
Marion, il déchargea les habitants de la contribution

de guerre qu'il leur avait imposée et donna un peloton de troupes pour contenir les détenus.

.·.

C'était le 18 août 1870 au matin. Le village de Gravelotte, qui fut le centre d'une des plus terribles batailles du siècle, séparait les armées française et allemande ; il renfermait plus de mille Français, blessés
ou mourants.

Effrayé du sort qui pouvait atteindre ces blessés,
le médecin en chef fit arborer, au haut du clocher du
village, le drapeau blanc à la croix rouge pour informer les armées en présence que Gravelotte était
encombré d'hommes hors de combat.

Bientôt arriva un piquet de cavalerie prussienne
qui, après avoir reconnu la situation, fit amener un
nombre suffisant de voitures.

On chargea les blessés sur ces voitures et, sous
l'escorte du piquet ennemi, le convoi français traversa
l'armée prussienne.

Après de nombreux arrêts à travers mille en-
traves, au milieu d'une nuit sombre et d'un silence
sinistre interrompu seulement par les gémissements
des blessés, le douloureux cortège, vers minuit, arriva sur un territoire neutre.

Là, on fit halte et l'officier qui commandait l'escorte prussienne s'adressant aux chefs du convoi des blessés, leur dit en français.

« Messieurs, ma mission finit ici ; et maintenant vous devrez seuls continuer votre route ; permettez-moi seulement de vous donner un avis ; vous n'approcherez pas sans danger des avant-postes français ; si vous ne les prévenez pas de votre arrivée, on tirera certainement sur vous. Avant donc de vous remettre en marche, je vous conseille de choisir, parmi vous, un homme assez courageux pour aller, au péril de sa vie, informer vos compatriotes de l'arrivée de ce convoi. »

Beaucoup d'officiers ou soldats auraient voulu remplir une mission aussi dangereuse.

Le premier qui éleva vite la voix fut l'aumônier militaire, c'est M. l'abbé Baron :

« Mes amis, s'écrie-t-il, c'est à moi qu'il appartient de remplir cette mission ; je la réclame comme un devoir, comme un droit ; tous, plus ou moins, vous êtes malades et blessés ; vos familles vous réclament, le pays peut encore avoir besoin de vous, ne songez donc qu'à vous soigner. Qu'on me donne un falot et que Dieu bénisse mon entreprise !... »

On lui offre un infirmier pour l'accompagner ; il

refuse en disant que cet infirmier est nécessaire aux hommes blessés. On insiste, il refuse toujours et, muni d'une lanterne, il part seul dans la direction des avant-postes français.

Sur la grande route le chemin, d'abord libre, se hérisse de difficultés. Ici ce sont des arbres énormes qui ont été abattus et barrent le passage. Là ce sont des ponts coupés ; ailleurs des trous de loup ; partout les défenses dont s'entoure une ville assiégée. A chaque instant, M. Baron est obligé de multiplier les détours à travers des champs détrempés par les pluies et de franchir des fossés comblés par les eaux.

Après des fatigues inouïes, il arrive au village de Moulin ; devant lui sont deux routes, l'une à droite, l'autre à gauche. Laquelle prendre? Laquelle conduit à Metz? A qui demander le chemin?

Le village est désert; pas un feu, pas un habitant, pas même un animal.

Soudain une lumière frappe ses regards; loin, bien loin, il entrevoit une chaumière ; le chemin est long et difficile mais, absolument, il faut s'assurer de sa route; malgré la fatigue il marche, et, à travers mille obstacles, il arrive et se trouve en face d'un meunier qui, à sa vue, recule épouvanté.

« Que Dieu vous garde, mon brave homme ! dit
M. Baron ; ne craignez rien, je suis aumônier militaire
et je cherche à sauver un convoi de blessés français.
Vite, mon chemin le plus court pour Metz ? » — Dites !

Plutôt mal que bien, le meunier explique à l'aumônier son chemin et celui-ci est obligé de retourner au
village de Moulin, où il prend la route de gauche au
lieu de celle de droite qu'il avait suivie. Redoublant
d'énergie, il marche, il avance.

Tout à coup, une voix crie :

« Qui vive!... halte-là!... passe au large!... »

Au risque de recevoir une balle, M. Baron avance
encore.

Alors, dix hommes s'élancent, franchissent un fossé
et lui crient ensemble :

— Qui vive!... Qui vive...

— France! ami! répond M. Baron.

On le conduit au poste de la grand'garde.

— Votre nom ? votre qualité? que faites-vous ici au
milieu de la nuit? dit le chef de poste.

— Je suis l'abbé Baron, aumônier au quartier général du deuxième corps de l'armée du Rhin. Je viens
vous annoncer l'arrivée de soldats français blessés qui
sont dirigés sur Metz.

— Vos papiers? réplique le lieutenant.

— Je n'ai pas eu le temps de les prendre.

— Nous venons de fusiller des espions cachés sous le costume du prêtre. — Sergent, fouillez monsieur avec le plus grand soin et vite.

Le sergent obéit. Il trouve sur la poitrine du prêtre sa croix d'aumônier; dans sa main, un chapelet; dans sa poche quelques notes sur des malades, rien de plus.

— Gardez cet homme à vue, dit le lieutenant, jusqu'à mon retour; et il s'éloigne.

Peu d'instants après il revient avec son colonel et deux commandants qui commencent l'interrogatoire.

En ce moment, on entend un bruit d'hommes qui crient et fouettent pour exciter les chevaux.

— Est-ce donc, se disent les officiers, un corps d'armée qui avance et installe des batteries?

Soudain, du même côté, on entend une sonnerie prussienne. Tous de s'écrier: « Nous sommes trahis!... Aux armes!... A mort l'espion!... »

— Qu'est-ce que tout ceci, monsieur? dit le colonel d'un air menaçant. Quel est ce bruit?... Quelle est cette sonnerie?

— Ce bruit, mon colonel, c'est celui d'un convoi de

blessés qui approche ; la sonnerie est celle du piquet d'escorte prussienne qui retourne à son camp.

— Mais qui prouve tout cela, monsieur, et qui m'assure que je n'aie pas à courir aux armes pour arrêter une surprise ?

— Au nom du ciel, s'écrie M. Baron, mon colonel, arrêtez. Ne faites pas feu sur vos frères blessés ou mourants.

Soudainement inspiré, il ajoute : « Appelez vos clairons ; faites-leur sonner halte !... Si l'épreuve me trahit, faites de moi ce qu'il vous plaira. »

— Soit, réplique le colonel.

Les clairons sont assemblés. A travers le silence de la nuit, à pleins poumons, ils sonnent halte !

Quand ils ont cessé, on écoute avec anxiété.

On n'entend plus rien ; le convoi a fait halte.

—Dieu soit loué, mon colonel, s'écrie M. Baron ; ils ont compris, ils sont sauvés !...

— C'est vrai, dit le colonel ; et maintenant, monsieur l'aumônier, que demandez-vous de moi ?

— Je vous prie, mon colonel, de permettre qu'un officier et quelques hommes m'accompagnent pour aller à la rencontre du convoi. »

Alors la scène change.

Officiers et soldats, valides et blessés, tous acclament chaleureusement l'aumônier. Ceux qui ne sont pas cloués par la douleur s'élancent vers lui, lui serrent les mains, l'assurent de leur éternelle reconnaissance.

Enfin, le convoi sauvé put entrer dans Metz, où les blessés accueillis furent soignés avec le plus grand amour.

A la suite de l'acte héroïque qu'il venait d'accomplir, M. l'abbé Baron fut nommé chevalier de la Légion d'honneur.

*
* *

Un jour, quand il le jugera à propos, M. l'*abbé Huot*, du clergé de Paris et membre de la Société des Gens de lettres, publiera les récits de sa vie d'aumônier aux armées du Rhin et de la Loire.

Il a bien voulu nous en communiquer quelques bonnes pages intimes.

Ces récits fragmentaires que nous publions ici ont pour théâtre le village historique de Gravelotte.

L'ambulance dont M. l'abbé Huot était l'aumônier y fut faite prisonnière, confinée dans un enclos de prairie et gardée par des fusiliers prussiens.

C'est dans cet enclos que le brave aumônier fit

dresser un autel pavoisé aux couleurs françaises à chaque messe qu'il y célébra.

Il reste donc à M. l'abbé Huot l'honneur, la gloire et la fierté d'avoir fait flotter le drapeau tricolore sur la terre et sous le soleil de la Lorraine envahie, et cela sous les yeux des Allemands étonnés qu'une telle audace restât impunie par leurs chefs de guerre.

Gravelotte, 22 août.

... De la salle à manger, je passe à la grange. L'aire de cette grange est cachée sous un lit de paille hachée.

C'est sur ce lit que gisent côte à côte Français et Allemands troués par les balles, déchirés par l'obus et la mitraille. Ils jettent tous des cris à fendre l'âme. Les écuries sont pleines de blessés. L'étable à porcs renferme trois cadavres à demi putréfiés. Je pénètre dans vingt maisons et vingt fois se reproduit le même spectacle ; c'est toujours le même assemblage pêle-mêle de blessés, d'amputés, de fiévreux, de mourants et de morts.

Sur le seuil d'une maison, je coudoie un pasteur protestant, aumônier de la première division d'infanterie prussienne. Il me décline son nom et ses titres, je le salue et je passe outre.

Muni d'une lanterne, il part seul dans la direction des avant-postes français. (Page 51.)

Quelques minutes après, une pauvre vieille me fait entrer dans sa petite maison. « Monsieur le curé, me dit-elle, voilà un Prussien qui va mourir chez moi, il faut le confesser ; depuis un quart d'heure, il ne fait que crier fort en se signant. » La vieille avait raison de croire au repentir de son Prussien ; jamais je n'oublierai ce malheureux qui, la mort sur les lèvres, eut un sourire joyeux quand il aperçut mon crucifix. Il le baisa avec amour, il le mordit avec délire, en versant des larmes et en se frappant la poitrine. Je lui fis comprendre que Jésus allait lui pardonner, et il se recueillit en joignant les mains pour recevoir l'absolution. La vieille femme était à genoux au pied du lit. Je terminais à peine les dernières paroles de la formule sacramentelle que mon Prussien se mourait. Son dernier regard fut pour moi, son dernier pressement de main fut pour mon crucifix que je dégageai avec peine de ses doigts raidis par la mort. Non, je n'oublierai jamais cette absolution donnée à un ennemi. Mais il n'y a plus d'ennemi devant la mort, surtout pour le prêtre du Christ.

A la tombée de la nuit, je rencontre un groupe de Prussiens qui accompagnent à la tranchée des morts le cercueil d'un officier supérieur tué au combat de

Mars-la-Tour. La musique joue des marches funèbres.
Le ministre réformé marche en tête du cortège ; il a
dû, selon l'usage, déclamer un discours sur la fosse
ouverte et souhaiter le paradis à son client.

23 août.

Il est dix heures du matin et je force la consigne
qui nous met dans la nécessité de demander une permission à la sentinelle ennemie pour sortir du champ
où nous sommes parqués. Je franchis la haie qui me
sépare de la route de Metz à Verdun. O bonheur ! j'ai
cru voir l'uniforme des troupiers français. Oui, ce sont
des officiers et des soldats français hissés sur de longs
chariots. Ils me tendent les bras, ils m'appellent, ils
me racontent leurs douleurs, ils me donnent leurs
noms, les noms de leurs familles et de leurs pays et
me prient d'écrire à leurs mères. — Nous partons,
disent-ils, pour l'Allemagne, comme prisonniers de
guerre. Quand reverrons-nous la France ? Adieu,
monsieur l'aumônier ! Priez pour nous ! Les Prussiens
de l'escorte nous séparent brutalement. Les chariots
partent au trot ; je les suis d'un long regard d'adieu
jusqu'au détour de la route qui va à Thionville, et de
Thionville à la frontière allemande.

2 heures de l'après-midi.

Le vieux général Freinmetz caracole sur la route,
entouré de son raide état-major. Je tourne le dos à
cette parade insultante. A deux pas de ma tente, j'en-
tends le galop d'un cheval. Il porte en haute selle un
officier supérieur allemand : c'est le prince. Il est ivre
à demi, il demande à boire ; nos palefreniers lui versent
coup sur coup force rasades de vin de cru et d'eau-de-
vie. Deux heures après, il roulait ivre-mort sous une
table d'auberge. Des officiers lui faisaient honneur et
roulaient comme le principicule, leur digne chef, sous
la même table. Il est d'usage chez ces bons messieurs
de fêter ainsi la victoire. Pouah! !!

24 août.

Pendant que mon ordonnance pousse devant lui
l'arrière-train d'une charrette de paysans, et l'arrête
contre le tronc d'un arbre couché au milieu du camp,
je dépêche un de mes amis au presbytère de Gravelotte pour y quérir des pains d'autel, afin d'offrir le
saint sacrifice en plein air, demain jour de fête du roi'
français patriote, saint Louis. L'arrière-train de la
charrette remplacera le tombeau d'un autel, je clouerai
quelques planches pour faire la charpente. Demain,

dès l'aube, je jetterai des fleurs et du feuillage sur ce gros œuvre pour en cacher les plaies trop évidentes. Demain donc, je me lèverai, et j'irai à l'autel de Dieu : *Introibo ad altare Dei.* Demain, je prendrai dans mes mains frémissantes le corps de mon Christ, je l'élèverai au-dessus de ma tête, dans l'azur du ciel de ma Lorraine, sur cette terre lorraine bénie et aimée par Dieu, aujourd'hui tourmentée, souillée, envahie par le Prussien ; j'élèverai le calice du sang, et je dirai au Christ : Bénis les fils de la France. Pardonne à mes frères par le sang et par le cœur de ceux qui meurent sur les champs de bataille. Demain, je verrai mon Dieu. Cette douce vision me fera peut-être supporter sans colère les visions sinistres et les insultes orgueilleuses des ennemis de la France.

25 août.

Le soleil était de la fête : il a jeté ses rayons d'or sur mon autel improvisé. J'ai célébré aujourd'hui, matin, le saint sacrifice au milieu du champ. Nos infirmiers, tête nue, l'écusson rouge attaché à la poitrine et au bras, étaient rangés en couronne autour de moi, fortifiant de leurs bonnes prières ma prière sacerdotale pour la France.

A l'élévation du corps et du sang du Christ (au *le-*

ver Dieu, comme on dit au pays lorrain), le tambour français ne battit point aux champs ; mais nous entendîmes distinctement des grondements sourds du côté de Metz ; les canons des forts rageaient à cette heure-là contre les Allemands.

Sur la route, les Prussiens flâneurs s'arrêtaient ébahis du spectacle d'un autel en plein champ.

Le drapeau de la Convention de Genève était fixé aux parois de l'autel. *Plus haut que lui flottaient, aux brises du vent, les couleurs nationales.* Les toiles des grandes tentes de nos blessés étaient soulevées du côté de l'autel ; et ce ne fut pas sans une émotion profonde que je me tournai vers ces pauvres martyrs du pays pour les bénir au nom du Christ, le bon Maître. Les uns se soulevèrent sur leurs lits ; tous, même les mourants, ébauchèrent un signe de croix.

Dans l'après-midi, j'assistai à l'agonie et à la mort de trois blessés français. Ils sont partis vers l'éternité, en bons chrétiens, murmurant, dans un dernier râle, ces mots : Mon Dieu ! Ma mère !

On les a roulés dans une couverture tachée de sang et de boue. Ils dorment là, dans la mort, à quelques mètres de ma tente. J'aperçois le bras de l'un d'eux qui pend inerte en dehors de la couverture. Au revoir, mes pauvres amis ! Que Dieu ait vos âmes ! Demain, j'irai mendier à l'autorité prussienne un mètre cube, dans la tranchée des morts, pour vos cadavres glorieux. Au revoir.

Priez Dieu dans son paradis pour la France, pour vos mères et pour moi !

26 août.

J'ai mendié pour mes morts l'honneur d'une sépulture. L'officier prussien à qui je m'adressai voulait les faire conduire par ses hommes de corvée, et les jeter ainsi, sans cérémonie religieuse, dans un trou infect. J'insistai pour les accompagner et j'obtins pour eux la fosse ouverte dans la tranchée, à l'ouest du village. A l'heure prescrite, je me mis en marche, précédé de la croix et suivi d'un groupe d'infirmiers français.

Nous forçâmes le respect des sentinelles qui toutes, sur notre passage, nous présentèrent les armes.

Les fossoyeurs allemands voulurent saisir nos morts sur les brancards ; nos brancardiers s'y opposèrent et les couchèrent eux-mêmes dans la terre de Lorraine. Nous y jetâmes pieusement l'eau bénite et nous revînmes au camp, mornes et silencieux, les larmes aux yeux et les sanglots au cœur. Demain, nous renouvellerons les mêmes cérémonies funèbres ; demain, nous pleurerons d'autres morts.

Gravelotte, 27 août 1870.

J'ai passé trois heures de nuit à fabriquer, à coups de hachette ébréchée, des petites croix pour les placer sur la fosse de nos soldats. Je les ai taillées dans le bois vert d'un peuplier.

J'ai fait choix de cet arbre qui a pour moi son symbolisme religieux.

Il est dans la nature extérieure une image sensible du chrétien détaché des choses d'en bas. Par ses branches et par ses rameaux, il respire du côté du ciel ; par sa tige toujours droite, il s'élance en haut et balance sa tête dans le bleu d'azur de la nue.

Montrer Dieu partout, le faire descendre dans l'œuvre de la création, en lui donnant la nature pour interprète, c'est là un panthéisme orthodoxe et pieux. J'ai toujours eu une inclination marquée pour cet ordre de relations entre l'auteur suprême et son œuvre. Cette inclination favorite m'a suivi même en campagne. A cause d'elle j'ai alourdi mon bagage d'aumônier militaire, en ne me séparant point de mes livres traitant du symbolisme, et de mes cahiers chargés de notes sur le même sujet. J'ai relu ce matin, à mon réveil, une page fraîche de style et de pensées écrite par une illustre convertie : Madame de Swetchine.

« Le peuplier est l'image du chrétien : son tronc dépouillé et sans défense contre les éléments et ses racines, légèrement recourbées sous le gazon, ne demandent à la terre que peu de substance. La tige droite et unie s'élance d'un seul jet vers les cieux. Ses branches se pressent autour d'elle comme la prière.

» Le peuplier cherche les eaux vives, le chrétien s'y désaltère ; le moindre souffle des airs émeut la feuille du peuplier, comme s'émeut le chrétien aux plus légers mouvements de la grâce, et la mélodie de son feuillage, unie aux frémissements des roseaux et de l'onde, n'est surpassée que par le chant de douce et ineffable allégresse qui s'échappe sans cesse du cœur chrétien, hymne que la nature commence et que l'amour achève. Tous deux verdissent jusqu'à leur sommet, mais le peuplier en attendant qu'il décroisse et qu'il tombe, le chrétien puisant plus de force et de vie à mesure qu'il approche de ses immortelles espérances. »

28 août 1870.

Aujourd'hui le soleil a lutté et contre le brouillard

du matin et contre les rafales d'un vent du nord. Sans
nul souci des Allemands ravageurs, la nature a repris
ses droits de vie et de jeunesse. L'herbe mouillée étin-
celait dans la lumière, les étroites bandes de verdure
dans les haies et les feuilles dans les arbres souriaient
comme au printemps. Les oiseaux oubliaient les effa-
rements des jours passés pour gazouiller et piailler.
Les toits des maisons étaient d'un rouge ardent ; des
croisées et des poutres encadrées de lierre s'échap-
paient des rayons tels que le village semblait être un
foyer et un centre de pourpre et de chaleur pour une
longue saison d'été. Ce féerique spectacle dura quelques heures : il s'effaça brusquement à la tombée de
la nuit. Le soleil se voila à son déclin dans des signes
grisâtres, il se coucha dans un entassement de nuages
qui l'enfermèrent comme un captif géant dans une
cité aérienne, dans une triple enceinte de remparts et
de murailles de feu. Quand je quittai mon poste
d'observation, le jour était mourant, la lumière était
d'un ton brun et les maisons villageoises s'envelop-
paient dans le noir. A mon retour au camp, j'étais
porteur d'un fusil Dreyse et d'une cartouchière allemande ramassés par mon compagnon de promenade
sur le champ de bataille de Gravelotte. J'étais de plus

en possession d'un fascicule de chants et de cantates
exaltant les hauts faits de Guillaume, jetant des hur-
rahs d'amour à la blonde Germanie et bavant l'injure
à la France et à ses soldats. Je cachai le Dreyse dans
un fourgon et, après une dernière visite de nuit à mes
pauvres blessés, je me jetai tout habillé sous ma
tente, pour y dormir jusqu'au lendemain.

*
* *

Nos lecteurs nous sauront gré de citer en terminant
les pages où M. l'abbé Huot raconte comment il par-
vint à procurer des vivres frais à son ambulance prisonnière; la scène est même amusante :

« Un soir, à l'heure du dîner de l'état-major du général Steinmetz, pendant que la musique jouait des
airs de saltimbanques en goguette, et que l'enseigne
en tôle de l'auberge y mêlait ses notes d'accompagnement, on vit passer à travers les rangs des auditeurs
béats un brancard porté pieusement par nos infirmiers. Le malade, mortellement blessé, couché sous
de chaudes couvertures, tenait ses pieds enveloppés
dans une molle étoffe, et sa tête endolorie cachée dans
une coiffure de laine. En avant et en arrière du brancard marchaient d'autres infirmiers ; ils étaient pen-

sifs et presque recueillis. Les soldats prussiens saluèrent ce malheureux à son passage, les cuivres et les fifres eurent pour lui des larmes dans la voix, les sentinelles lui présentèrent les armes et les officiers inclinèrent leur roideur devant lui.

« Or, ce malheureux, ce malade, ce blessé n'était autre qu'un mouton champenois, élevé en Lorraine, qu'une bonne vieille de Gravelotte nous avait vendu. On l'avait égorgé à la sourdine et dépouillé en cachette derrière un amas de fagots, au haut d'un grenier. Et comme, de la maison de la vieille à notre camp, il fallait traverser le village dans sa longueur, on avait donné à cet animal la marque d'un blessé, ce qui lui valut les honneurs de l'ennemi. Nous trompâmes ainsi nos Prussiens fournisseurs jusqu'à trois fois. Le dernier transport de vivres en contrebande se composait d'une moitié de porc frais ; il eut le privilège d'un salut princier. Frédéric-Charles s'écarta sur son cheval du milieu de la chaussée pour lui faire passage ; son état-major fit de même. »

*
* *

Un correspondant du journal anglais *le Times* écrit ceci dont il fut témoin :

« Il y a un homme que, depuis Sedan jusqu'aux batailles devant Paris, j'ai vu constamment suivre les traces des blessés. Il n'a ni voiture, ni cheval, mais le bourdon à la main, il suit le cours de la bataille, passe au milieu des balles et, avec la tendresse d'une mère, il apporte aux mourants des consolations. C'est un prêtre de France, un *bénédictin*. Je ne sais combien de fois je l'ai rencontré dans sa mission toute de charité. L'autre jour il s'est présenté tout à coup près du champ de bataille, pour me demander si je savais où se tenaient les blessés. Il avait fait à pied le matin environ trente kilomètres. Aucun gouvernement ne lui donne de l'argent : c'est un *volontaire* dans la grande acception du mot. Tout témoin de ses efforts fait des vœux pour que Dieu lui donne la récompense qu'il mérite. Il est jeune encore, c'est un bel homme, d'un air affable et distingué, aux allures pour ainsi dire princières. »

Écoutez cette histoire :

C'était le 6 octobre 1870.

La Bourgonce (1) était devenue le quartier général

(1) Petite ville de 650 habitants dans les Vosges, à 12 kilomètres de Saint-Dié.

d'un petit corps d'armée française. M. l'abbé *Bayard*, alors curé de cette paroisse, avait ouvert généreusement aux soldats français sa bourse, sa maison et son cœur ; si généreusement même, qu'à midi, le jour de l'arrivée des troupes, il ne lui restait rien et qu'il dut dîner d'une poire et d'un verre de vin.

Bientôt le canon tonna.

L'on vit alors un prêtre courir sous la mitraille, d'un blessé à un mourant, pansant l'un, consolant l'autre, ramassant les morts, soutenant les vivants, réalisant aux yeux de nos soldats le *beau type du prêtre français sur le champ de bataille*, c'est-à-dire du *héros*.

Le soir, il y avait au presbytère près de trois cents blessés dont *M. le curé s'était fait l'humble infirmier*.

En l'absence du médecin-major, il avait dû opérer les premiers pansements et sacrifier tout son pauvre linge.

Vers deux heures du matin, l'héroïque pasteur, qui avait oublié de souper, tombait de fatigue et s'endormait sur le plancher, entre deux blessés.

Le colonel du 32ᵉ de ligne, M. *Hocédé*, mourut entre ses bras trois jours après le combat.

Le bon curé prépara à ce brave des funérailles dignes de lui, dignes aussi de l'armée française ; il fit aussi donner une sépulture choisie aux nombreux soldats que la mort avait fauchés çà et là sur le territoire de la Bourgonce.

L'année suivante, au jour anniversaire de cette catastrophe, M. le curé Bayard fit annoncer au loin un service solennel pour le repos des combattants morts au champ d'honneur.

Plusieurs milliers de personnes, au nombre desquelles se trouvaient des parents et amis des soldats, assistaient à cette imposante cérémonie. Après les derniers devoirs rendus aux morts, il fallut relever les ruines faites par le canon et l'incendie. Ce fut long. Le digne pasteur acheva d'y épuiser ses forces.

Puissent ces lignes servir d'hommage à la mémoire de ce digne et brave curé.

L'abbé *Théodore Wibane,* de Roubaix missionnaire en Cochinchine, où il fonda, en partie avec son patrimoine, le magnifique séminaire de Saïgon, était revenu se reposer auprès de ses parents pour rétablir sa santé gravement compromise par le climat si chaud de notre colonie.

Vous qui tenez si fort à la discipline, vous allez peut-être trouver mauvais... (Page 79.)

La guerre de 1870 arrive pendant un séjour à Roubaix.

Le repos, si nécessaire soit-il, pèse trop à cette âme vraiment patriote et il devient aumônier militaire des mobiles de l'armée du Nord.

Il se dévoue tout entier pour ses braves *moblots* qui l'adorent, pour les blessés qui ne savent comment lui témoigner leur reconnaissance.

Croyez-vous que ce soit assez ?

Eh bien! non. La guerre finie, les blessures pansées, sa famille le supplie de rester encore un peu en France pour reprendre des forces et se remettre des fatigues de 1870. L'abbé Wibane n'écoute que la voix du devoir et retourne à Saïgon où il meurt bientôt victime de son zèle et de son dévouement charitable.

*
* *

Le Père *Alexis Clerc*, de la Compagnie de Jésus, avait cinquante et un ans en 1870. Il était né à Paris en 1819. Élève de l'École polytechnique, un brillant avenir s'élevait devant lui. Il embrassa la carrière de la marine où il servit pendant treize ans.

Il était lieutenant de vaisseau quand la grâce le

toucha. Il fut admis dans la Compagnie de Jésus le 25 août 1854.

Après sa théologie il fut nommé professeur à l'École Sainte-Geneviève à Paris.

Quand la guerre éclata, il se présenta un des premiers. Il fut admis comme aumônier militaire dans les ambulances volantes des environs de Paris et particulièrement dans la grande ambulance du collège de Vaugirard. On le vit souvent sur les champs de bataille, prodiguant les dernières consolations aux mourants, relevant doucement les blessés. A l'ambulance il était accueilli à chaque visite avec des cris de joie, tant sa bonté était grande.

On sait que, pour le récompenser, la Commune de Paris l'emprisonna à La Roquette où il fut fusillé avec Mgr Darboy (1).

*
* *

Qu'il me soit permis de raconter un fait personnel. Tous les jours un dominicain, jeune encore, quittait la rue Jean de Beauvais pour se rendre à l'ambulance de Bicêtre où étaient soignés les varioleux... Parfois je l'accompagnais, car c'était un père et un ami pour moi.

(1) **Nous reparlerons de ce martyre avec plus de détails dans notre prochain livre** : *le Clergé sous la Commune.*

Un jour, un ignoble voyou nous voyant arriver s'écria en montrant du doigt le dominicain : « Au rempart le lâche calotin ! »

Le dominicain quitta brusquement mon bras, ne fit qu'un bond et, s'élançant sur son insulteur, il le prit vivement au collet et le secouant de sa main de fer il lui dit : « Tu vas venir avec moi et tu vas voir si je suis aussi lâche que tu le dis. » Et il l'entraîna malgré lui.

L'ignoble personnage était devenu blême et jetant un regard piteux vers moi : « Où me mène-t-il », dit-il. « A l'hospice des varioleux à Bicêtre… », répondis-je.

A ces mots le vaurien se mit à trembler et nous l'entendîmes demander grâce.

Le dominicain, ouvrant alors sa main : « Va-t'en, lâche ! » lui dit-il, en lui rendant la liberté.

Et la foule applaudit à cette correction morale bien méritée.

*
* *

Un peloton de dix-sept Prussiens était venu étourdiment se jeter à la rencontre des francs-tireurs du camp de la Vacheresse, sans même soupçonner leur présence, raconte M. l'abbé Chapiat (1).

(1) « Vitel ».

Poursuivis de Vitel à Contrexeville, un d'eux fut blessé à mort, et les autres, faits prisonniers, furent envoyés à Langres....

Vitel et Contrexeville se virent tenus responsables de la défaite de leurs ennemis et condamnés à une amende de *cent mille francs*. Le maire, *Louis Courtier*, le notaire *Gérard* et le banquier *Lassausse* furent emmenés à Nancy comme otages, et les deux bourgs menacés de pillage et d'incendie. Une députation du nouveau maire, *Jules Pérut*, et du curé de Vitel, accompagnés des notables de Contrexeville, alla plaider à Nancy la cause commune des deux localités, et obtint une remise de cinquante mille francs, à condition de l'échange de seize prisonniers contre cinquante des nôtres... Les otages demeurèrent pour garantie du reste de la somme.....

.   .   .   .

La paix était signée ; un régiment de cavalerie prussienne vint séjourner à Vitel et aux environs pendant quelques semaines. Un adjudant du colonel demanda au curé une des deux églises pour le jour de l'Ascension.

— « Vous êtes catholiques ? vous l'aurez. — Non, nous sommes protestants. — Vous ne l'aurez pas. — Alors, nous la prendrons. »

Le curé télégraphie à son évêque immédiatement. Advient le colonel, Prussien sec et dur, parlant assez mal notre langue. « Vous avez refusé à nous une église ? — Nos églises sont consacrées uniquement au culte catholique ; en vous les livrant, ce serait les livrer à la profanation. — Jusqu'à présent nous les avons eues. — Parce que vous les avez prises. — C'était notre droit. — Oui, le droit de la force ; notre Église ne reconnaît que la force du droit. — Vous êtes un... — Mauvais prêtre ? — Je ne dis pas mauvais prêtre. — Ah ! intolérant, n'est-ce pas ? — Oui, intolérant. — J'ai télégraphié à mon évêque ; vous aurez sa réponse. — Pas nécessaire de télégraphier. — Je vous admire, colonel. Vous qui tenez si fort à la discipline, vous allez peut-être trouver mauvais que j'en appelle à mon supérieur ? Vous aurez une réponse ce soir. » Et le colonel sortit en lançant au curé un regard farouche.

La réponse de l'évêque fut : « Cédez à la force. » Sachant combien les titres et la noblesse ont de poids sur les Allemands, je signai ma réponse au colonel, en ajoutant à mon nom celui de ma mère et mes titres : l'abbé *Chapiat de Fournier*, de l'Institut historique de France, chevalier de la Légion d'honneur, curé-doyen de première classe. Je reçus le lendemain une lettre des plus polies, m'annonçant qu'on renonçait à l'église. Mais le samedi suivant, nouvelle demande, polie, suppliante, pour ainsi dire : « Ne nous réduisez pas à la force ; accordez-nous de bonne grâce : rien ne sera profané, rien touché. La petite église seulement. » Je répondis : « Nous cédons à la force : la porte de la petite église ne sera pas fermée ; je ne veux pas l'exposer à être enfoncée ; il nous faudrait la refaire. » Ainsi, deux fois, notre pauvre église du Petit-Ban, à la grande douleur des fidèles, entendit le prêche luthérien..... »

****

Le curé de Loigny, le vénérable *abbé Theuré*, change son étroit et pauvre presbytère en un sanglant hôpital où furent portés le colonel de Charette, le capitaine de Ferron, le général de Sonis.

Le digne abbé donne tout ce qu'il a de linge, vêtements, vivres. Son bon cœur l'empêche de songer au lendemain.

****

C'est encore l'*abbé de Bastard* qui prodigue des secours aux zouaves pontificaux délaissés sur le champ de bataille.

Comme les autres, le séminaire de Saint-Dié (Vosges) fut licencié. Plusieurs élèves s'engagèrent, entre autres M. *Cunin*, actuellement curé d'Hurbache (par Senones), qui gagna les galons de sergent par sa belle conduite devant l'ennemi.

Le séminaire servit d'ambulance et les soins y furent donnés par des ecclésiastiques. Mgr Caverot voulut ordonner, en décembre, un prêtre pour aller porter aux soldats blessés et installés à l'ambulance ses premières bénédictions sacerdotales. Les blessés en furent bien heureux. Ce jeune prêtre d'alors est M. l'abbé *Durain*, aujourd'hui curé de Thaon-les-Vosges.

***

Un séminariste, *Lizon*, de Beauvais, s'engagea dans les chasseurs et fut tué à Orléans. C'était une nature ardente, d'un patriotisme incomparable.

Dans un précédent combat, sa compagnie ayant été presque détruite, il s'était échappé mourant de faim et de fatigue ; dans une ferme des champs on lui refusa du pain ; il offrit son couteau en paiement et on le repoussa ; il aurait bien « mis le feu à cette ferme », disait-il plus tard (1).

(1) Un abbé m'écrivait dernièrement que, dans certains pays, cette dureté ne fut pas rare chez le paysan.

Trois jeunes abbés du Noyonnais, en sortant du séminaire, s'engagèrent dans les zouaves pontificaux,
commandés par de Sonis. Le premier, *Randon*, aujourd'hui prêtre, soigna les blessés dans les ambulances.

Le second donna, auprès du Mans, dans l'affaire
d'Yvré-l'Évêque. Choisi, pour couvrir la retraite,
avec une poignée de volontaires, contre tout un corps
prussien dix fois plus nombreux, il reçut une blessure au cou et fut laissé pour mort au champ de bataille ; il ne put se relever, et ne se traîna vers une
ferme que longtemps après. Cette blessure terrible lui
a laissé pour la vie une grande faiblesse, et comme le
faisceau nerveux a été lésé, on peut juger de ses souffrances presque continuelles. Il est curé dans le département de l'Oise ; il demeure toujours d'un dévouement à toute épreuve, soignant, *torchant* (c'est le mot
d'un de ses confrères qui l'a vu à l'œuvre) les malades ; pendant trois mois et plus, il a lavé, changé,
deux fois par jour, un pauvre adolescent affligé d'une
affreuse maladie ; cet enfant infect ne voulait être
touché que par ce digne prêtre !

** **

Le R. P. *Édouard*, supérieur de l'abbaye des cha-

noines réguliers prémontrés de Saint-Michel de Ta-
rascon (primitive observance), met au nom de sa communauté, à la disposition du ministre de la guerre,
30 lits pour 30 blessés. Ses moines serviront, au besoin, comme aumôniers surnuméraires, et ne mange-
ront que la ration du soldat.

L'abbé de *Marhallach*, fort riche, avait quitté sa
belle propriété du Pérénon pour accompagner à Paris,
comme aumônier, le bataillon des mobiles de Quimper.
Par sa belle conduite sur le champ de bataille, il reçoit
la croix de la Légion d'honneur, et, plus tard, est
nommé député à l'Assemblée nationale.

* *
*

M. d'Hulst (1), vicaire depuis 1866, n'avait plus
rien à faire pour que son internat marchât longtemps
sans lui, et un bien autre externat attendait encore
son actif ministère, — cet externat effrayant de 1870,
ouvrant la France toute grande vers la frontière par
où les Allemands allaient entrer.

Lui comme tout autre prêtre, que fera-t-il ? Comme
tout autre prêtre, il partira, avec son crucifix pour
arme. Il se fera battre à Wissembourg et prendre à

(1) Aujourd'hui recteur de l'Université catholique et prédicateur
à Notre-Dame.

Bazeilles. Mais les prisonniers de cettre trempe, aucune forteresse assez fermée ne les retient longtemps, et M. d'Hulst, un mois plus tard, rentre en France par la même porte qui l'avait fait passer tout à l'heure en Belgique. Et dans quel état retrouvait-il son pays malheureux ?

Le territoire envahi jusque sous les murs de Paris, d'où des sorties inutiles refoulent l'ennemi dans la campagne ; c'est là encore que son patriotisme l'appelle à la voix plus instante de son neveu mourant à Champigny, aux premiers rangs où l'oncle vole et a le temps de bénir un soldat, heureux enfin de verser pour la France un peu de ce sang des d'Hulst qu'elle n'a pas voulu prendre plus abondamment dans cette généreuse famille.

*
* *

Nous trouvons dans l'excellent journal *l'Océan*, de Brest, quelques détails biographiques sur M. l'abbé *Le Saout*, ancien aumônier de l'armée du Rhin, dont on a vu le noble et courageux appel aux électeurs catholiques de l'arrondissement de Morlaix :

... Au moral, c'est un homme des plus modestes, mais d'une grande intelligence et d'un grand cœur.

C'est un prêtre breton qui n'a jamais transigé et ne transigera jamais avec le devoir. Bon et secourable à tous, aimant à rendre service même à ceux qu'il ne connaît pas. Son caractère franc et loyal lui a valu l'amitié et l'estime de tous. Et quand il passe dans les rues de Morlaix, la figure éclairée d'un bon sourire, tout le monde se découvre devant lui.

L'abbé Le Saout est un enfant du pays ; il est né dans les environs de Morlaix, à Plougannen. Il a débuté comme jeune prêtre en qualité de vicaire à l'église des Carmes de Brest, poste qu'il a occupé pendant sept années. Il y a plus de vingt ans de cela, et cependant le souvenir de l'excellent prêtre y est resté bien vivant...

On raconte de lui des traits qui montrent combien il est homme énergique et courageux. Au lendemain de la bataille de Sedan, après la capitulation, il visitait les prisonniers. Chemin faisant, il rencontre un groupe d'Allemands qui brutalisaient odieusement un prêtre français, grand vieillard à cheveux blancs. C'était le curé de Balan.

Les Prussiens le poussaient devant eux à coups de crosse de fusil, l'injuriant dans leur langue sauvage, et le pauvre prêtre, n'ayant pas la force de résister, se laissait ainsi entraîner. Survient l'abbé Le Saout. Un tel spectacle le révolte, et sans hésiter il s'élance au milieu du groupe et se place entre le prêtre et ses bourreaux, lui faisant un rempart de son corps.

« — Comment, des hommes vigoureux oser maltraiter un vieillard sans défense ! Que vous a-t-il fait ? » Un sous-officier allemand lui répond brutalement que ce prêtre est le curé de Balan, que de son village on a tiré sur eux et tué plusieurs des leurs, et qu'ils l'ont fait prisonnier. L'abbé Le Saout insiste, il veut sauver le vieux prêtre et il menace de porter plainte au général en chef.

Furieux, les Allemands tirent leurs revolvers, le mettent en joue et lui commandent de partir au plus vite.

« — Je ne partirai pas sans le curé de Balan, répond tranquillement le brave aumônier en se croisant les bras. »

L'affaire allait mal tourner pour l'abbé Le Saout, quand par bonheur vint à passer un officier allemand. Il se fit rendre compte de ce qui se passait et donna ordre de mettre en liberté le curé de Balan et son protecteur. Notre courageux compatriote avait sauvé le vieux prêtre.

Dans le désordre qui avait suivi la bataille de Sedan, l'abbé Le Saout avait perdu sa chapelle et son bréviaire. Il n'a revu ni son calice, ni les accessoires, qui ont été très certainement volés par quelque soldat ou quelque officier allemand. Mais, circonstance qui peut paraître extraordinaire, son bréviaire lui fut rendu, quelques années plus tard, à la Guadeloupe. Il avait été ramassé sur le champ de bataille par un diacre, M. Géhanno, qui s'était engagé comme infirmier pour la durée de la guerre. Après la conclusion de la paix, M. Géhanno continua ses études ecclésiastiques et rentra plus tard dans le corps des aumôniers de la marine. Il se rencontra à la Guadeloupe avec l'abbé Le Saout et ils firent connaissance. M. Géhanno rendit alors à son collègue son bréviaire, qu'il avait conservé jusqu'à ce moment.

Le brave aumônier est retraité depuis 1887. Il est allé s'installer à Morlaix, non loin de la commune qui l'a vu naître. Là, il se consacre tout entier aux bonnes œuvres, remplace les prêtres des environs momentanément malades, s'occupe du cercle catholique de Morlaix et de toutes les œuvres ouvrières.

C'est là que les électeurs catholiques de Morlaix sont allés le chercher pour faire appel à son dévouement. Il a d'abord hésité. Sa modestie s'effarouchait et il aurait voulu qu'on fît un autre choix.

On a insisté, et on a bien fait.

M. l'abbé Le Saout est âgé de cinquante-sept ans.

*
* *

C'est aussi à Sedan que faillit être tué le brave *abbé Lanusse* (1), aumônier et chapelain de Saint-Cyr. Comme il portait secours aux blessés, une balle vint l'atteindre, mais heureusement s'aplatit en frappant au milieu sa croix de la Légion d'honneur qu'il avait si bien gagnée pendant la campagne d'Italie. Puisque je parle de l'abbé Lanusse, je ne puis résister au plaisir de citer le curieux récit que mon cher confrère Boyer d'Agen publiait dernièrement dans le *Figaro*, et où il parle de l'aumônier en termes si touchants.

« Il y en a donc encore des aumôniers ? »

(1) A la date du 19 juillet 1891, on lisait dans l'*Evénement :*

« En quittant la pelouse de Longchamp, à la suite de la revue des troupes le 14 juillet, pour rentrer à Paris, le gouverneur militaire aperçut tout à coup l'abbé *Lanusse,* qui avait tenu, cette année encore, à accompagner à la revue son cher bataillon de Saint-Cyr.

» Le général Saussier s'avança vers le brave aumônier, dont la poitrine est couverte de décorations, et s'arrêta pour le complimenter et lui serrer les mains.

» Un rassemblement énorme se forma aussitôt, et la foule confondit dans ses acclamations chaleureuses et l'aumônier et le général. »

Il en choisit et retire une dont la poudre a brûlé les couleurs et dont une balle... (Page 95.)

Encore un, le plus vieux et le doyen de tous, là-bas, dans un petit coin de l'école Saint-Cyr oubliée, Dieu merci ! par les laïcisateurs féroces. D'ailleurs, ceux-ci votèrent eux-mêmes l'exception en faveur de l'abbé Lanusse quand, abolissant en temps de paix tous les aumôniers des régiments de France, ils se trouvèrent en présence de cette poitrine de prêtre littéralement couverte de croix et de médailles gagnées, depuis trente ans, sur nos champs de bataille. Ils reculèrent. Et l'abbé Lanusse avança, non seulement maintenu dans les cadres de l'armée française, mais encore promu après 1870 au grade supérieur d'aumônier du premier bataillon de France et de chapelain de Saint-Cyr.

C'est là, par cette chaude après-midi de juin, qu'il me reçoit lui-même à un premier étage de la cour Rivoli où la statue équestre du jeune et beau Marceau, montant jusqu'à hauteur des fenêtres du vieux et vaillant prêtre, ne lui rappelle que de très loin ses premières campagnes.

» Est-ce que ces acclamations de la foule ne sont pas une preuve convaincante que le gouvernement allait contre le sentiment populaire en faisant voter la loi qui supprimait la plus grande partie des aumôniers de l'armée ? »

— Mes premières campagnes, mon cher enfant !…
me dit-il, en regardant un instant vers la cour, de ses
bons yeux tout bleus, pleins de mélancolie. Et il me
fait asseoir, m'y poussant presque, dans l'unique fau-
teuil boiteux de son pauvre cabinet d'étude.

— Enfin, monsieur l'aumônier, vous avez bien
commencé par une ?

— Par la campagne d'Italie. Ah ! vous étiez bien
petit, mon fils ! — et même étiez-vous de ce monde ?
— quand, en 1859, je quittai brusquement notre belle
Gascogne et ma chère paroisse de Monheurt pour
suivre l'armée française à Magenta et à Solférino.
Que voulez-vous, nous étions tant de prêtres à veiller
sur nos paisibles campagnes ! Et sur ces campagnes
autrement orageuses, où tant de nos pauvres petits
paroissiens allaient mourir peut-être, n'y aurait-il aucun d'entre nous à les suivre et à les assister ? Ma
foi ! je n'y tins plus, et je partis… Je revins aussi,
oui, avec la croix d'honneur sur ma poitrine, Dieu
merci ! Mais cette pauvre croix de bois de mon église
dont, aux yeux de mon évêque irrité, je semblais avoir
débarrassé mes épaules insoumises, il fallut, en expiation de mon crime, la transporter en disgracié dans
une autre paroisse plus pauvre encore. Hélas ! je ne

fus pas longtemps dans ce trou de Béquin où je venais d'être justement exilé ; et la France se préparant quatre ans plus tard à repartir pour le Mexique, mon évêque prit mon défaut en patience et me laissa repartir en me bénissant cette fois, avec ce mot : « Tenez, mon cher curé, vous sentez la cantine ! » Je le crois bien, mon vieux soldat de père ne m'y avait-il pas fait naître ?... A propos de cantine, vous avez soif, mon enfant !... la journée est si lourde !... Marie ! descendez, je vous prie, à la cave et apportez-nous une « première classe ». Oh ! ma servante m'a compris ; vous allez boire quelque chose de « chez nous », une petite goutte de vieux Buzet qui vous attend ici, depuis vingt ans que le bon Dieu l'a fait, en prévoyant votre visite.

— Merci, monsieur l'aumônier. Et alors, au Mexique ?

— Et au Mexique, comme en Italie, il fallut être brave. Mieux : on y fut héros. Voyez-vous, dans cette bibliothèque, les trois cents manuscrits in-folio que j'y ai renfermés et condamnés à dormir jusqu'après ma mort ? Il y en a deux cents consacrés à cette seule campagne et aux prodiges de courage qu'elle engendra. Voyez-vous celui-ci, écrit sur parchemin et enlu-

miné à chaque page des plus riches couleurs ? C'est
sur du bronze que j'eusse voulu le couler, et le ciseler
au burin. Il raconte l'histoire à jamais immortelle des
Héros de Camaron, où 65 Français résistèrent à
2,000 Mexicains, jusqu'à ce que fût décimé le dernier
de ces braves. Je suis vieux. Je mourrai bientôt peut-
être. Mais je ne voudrais pas emporter dans la tombe
cette page, une des plus glorieuses avec le Borrégo et
Mazagran — qui mérite de figurer parmi les plus
belles de l'histoire et de l'armée française. Aussi, sur
mes vieux jours, d'une main chancelante, mais d'un
cœur fier, j'ai écrit et réuni ces notes en un livre que
l'éditeur vous fera lire, aux premiers jours du mois
prochain. Après cela, on continuera à médire de la
campagne du Mexique à laquelle les événements politiques, indépendants du courage de notre armée, donnèrent un dénouement si triste. Mais que la même tristesse doive planer sur une histoire s'ouvrant au grand
soleil des beaux tropiques et ne se fermant que sur
des tombes pleines de héros, non ! non ! mille fois non !

— Et après le Mexique, vous allez ?...

— Voyons ! où vais-je après le Mexique ?...

Et le brave aumônier, cherchant dans sa mémoire
les longs et pénibles chemins où la fatigue a blanchi sa

tête vénérable et où la bravoure a fait saigner la symbolique rosette que je regarde perler comme une gouttelette de sang à une boutonnière de sa soutane, reprend enfin ses souvenirs avec ces mots prononcés dans une simplicité presque sublime :

— Après le Mexique ?... Mais c'est Sedan et la Commune. Tenez ! mon cher enfant, ne parlons plus de ces choses.

Comme il s'est relevé tristement et que je le regarde s'avancer, sans chanceler d'un pas, vers sa table de travail où s'entassent page sur page ses volumineuses chroniques, — chacune étant enluminée à la manière des manuscrits du moyen âge, — je lui demande encore s'il n'a jamais été blessé.

—Jamais ! répond-il.

Et se remettant crânement sur ses jambes, il va à sa cheminée, vers une boîte que la poussière recouvre, il l'ouvre et, parmi trente croix qui y dorment, il en choisit et retire une dont la poudre a brûlé les couleurs et dont une balle, la frappant au milieu, a réuni effrayamment les quatre branches.

— C'est à Sedan, ajoute-t-il en riant, qu'une dragée me fit sur cette croix la plus « approximative » caresse. D'ailleurs, dois-je mourir avant d'accompagner mes nouveaux enfants de Saint-Cyr au rendez-vous où je leur ai promis, malgré l'âge, de les rejoindre? Ainsi, en attendant, je vais leur faire lire, comme un exemple qu'ils sauront imiter, mes chers *Héros de Camaron.* Que je vais être heureux devant ce livre — le premier de ma vie ! C'est d'aujourd'hui seulement que je regrette de ne pas savoir écrire, moi qui, toute ma vie, n'avais désiré savoir que prier Dieu et servir la France !...

** **

On sait que le *R. P. Jouin*, des Frères Prêcheurs, était aumônier du général Faidherbe.

Il fut décoré sur le champ de bataille de Bapaume (1).

** **

Voici ce qu'écrivait à sa famille, en novembre 1870, Mgr Lesur, alors aumônier militaire :

(1) L'ancien aumônier du général Faidherbe était, au moment de l'expulsion des religieux par les ordres de Ferry, prieur du couvent de la rue Jean-de-Beauvais. Lorsqu'il fut jeté dans la rue, il portait la croix gagnée sous le feu de l'ennemi, et les troupes saluèrent ce vaillant que chassait la République, indigne de traduire la gratitude de la France.

Le R. P. Jouin est mort, à Cannes, des suites d'une douloureuse affection de la gorge.

Incessamment, nous serons en mesure de consacrer à ce brave une notice plus étendue.

Monseigneur Dupanloup, Évêque d'Orléans.

Château-Thierry.

« Chers parents,

.   .   .   .

» Tout en étant vicaire, je suis aumônier militaire *international*, et tous les jours je suis forcé d'aller à l'ambulance des pestiférés où le typhus est la maladie régnante, non seulement pour faire les enterrements de nos pauvres malheureux soldats français et des soldats catholiques allemands, mais aussi pour administrer les derniers sacrements aux soldats des deux nations. Il faut, je vous assure, avoir de la force pour visiter ces blessés, mais je le fais de grand cœur pour consoler ces jeunes gens qui souffrent si cruellement loin de leurs familles.

» L'un d'eux, un brave Français, me disait dernièrement : « Dites bien à ma pauvre mère que je meurs en » bon chrétien; au moins elle sera consolée. »

» Après avoir donné le saint viatique, l'extrême-onction et les derniers honneurs de la sépulture chrétienne à ces braves militaires, je suis heureux, sans négliger le ministère paroissial, de visiter les prisonniers et d'aller voir ceux que le chemin de fer mène à la déportation.

» En leur donnant la main, j'ai le doux plaisir de pouvoir leur offrir ce que je possède de tabac, de cigares et de chocolat, et cela procure un peu d'adoucissement dans leurs peines à ces chers enfants.

» Priez pour moi comme je prie pour vous : ce que je demande au bon Dieu c'est la santé pour continuer mon service.

» Allons, adieu et bien à vous, et je suis toujours votre fils chéri qui vous affectionne.

» ÉMILE LESUR. »

*
* *

Nous n'avons pas, je crois, besoin de nous appesantir sur le beau rôle joué par *Mgr Dupanloup*, le digne évêque d'Orléans.

Son courage a été admirable pendant les jours d'épreuve. Il se prodiguait partout. On l'apercevait soit au quartier général des Prussiens ou il allait solliciter une grâce pour la ville ou des malheureux, soit aux ambulances où il allait secourir les blessés, soit auprès des pauvres (1).

(1) « On a dépeint cent fois Mgr Dupanloup cheminant dans sa ville épiscopale avec sa soutane usée, ses souliers ferrés et son immense parapluie sous le bras, salué par tous les passants avec respect, escorté avec amour par les enfants qui sentent d'instinct ceux qui les aiment, sortant plus riche de quelque opulente demeure et revenant sans un sou à l'évêché, après avoir vidé dans la

« Ce lettré, disposé même quelquefois à accorder trop à l'élément littéraire, devint au moment de la guerre le vrai pasteur des peuples que notre histoire naissante vit jadis défendant contre les Barbares la cause de la civilisation. Les Prussiens ne pardonnèrent pas aux habitants d'Orléans d'avoir ri quand ils fuyaient éperdus après Coulmiers; pendant la réoccupation, la malheureuse ville, obligée de soigner d'innombrables blessés, était à chaque instant frappée de contributions exorbitantes. A propos d'une rixe dans un mauvais lieu, le prince Frédéric-Charles demanda en une fois six cent mille francs !

» Toutes les autorités avaient disparu; il ne restait plus comme intermédiaire entre un vainqueur inexorable et une population dont le courage commençait à plier, que l'évêque, qui, dans cet effondrement universel, se multipliait pour suffire à sa tâche terrible. Allant de l'un à l'autre, Mgr Dupanloup demandait aux habitants des prodiges, afin que les exigences de l'ennemi fussent satisfaites, et qu'en même temps nos soldats blessés ne manquassent de rien; de retour de sa visite aux ambulances, il prenait la plume et ré-main des malheureux sa bourse que des heureux avaient grossie pour une minute....»

ÉDOUARD DRUMONT.

pondait aux journaux allemands, qui nous accusaient
d'emprisonner leurs malades. Contre une dernière réquisition, l'évêque protesta par cette lettre superbe
que personne n'a oubliée, et dans laquelle il prenait
l'Europe à témoin de la barbarie de l'envahisseur.
Semblable à ces chefs de Huns et de Vandales qu'un
regard de vieillard domptait parfois, le prince Frédéric-Charles sentit quelque chose remuer au fond de
sa conscience en entendant le langage indigné du prélat et retira sa demande.

» Mgr Dupanloup semblait d'ailleurs destiné à une
semblable mission.....

» ..... Dès qu'il parlait de la Patrie, son éloquence,
qui d'ordinaire tenait un peu trop du sermon, prenait
soudain un essor inaccoutumé ; cette parole alors
planait très haut, comme si le génie de la France
l'eût emportée sur ses ailes... » (1).

*
* *

D'une belle lettre que m'écrivit jadis M. l'abbé *Darnis*, aumônier en chef du 5ᵉ corps d'armée, je détache
ces quelques lignes bien dignes de prendre place dans
ce livre :

(1) Edouard Drumont. *Mgr Dupanloup*. (*Liberté*, 15 octobre 1877.)

« Je suis obligé de feuilleter dans ma mémoire fort ingrate aujourd'hui pour y trouver quelque récit à la mémoire de mes braves camarades ou des saintes filles de la Charité auxquelles je dois plusieurs fois la vie.

» En 1870, j'ai eu peu de rapports avec ces héroïques femmes. J'étais aumônier en chef du 5ᵉ corps d'armée que commandait le général de Failly.

» Une religieuse a énergiquement rappelé à son devoir ce général en lui disant, après avoir cassé un carreau de vitre :

« Général, les Prussiens sont là et vous êtes à table pendant que nos braves soldats se battent tout près, écrasés par le nombre !... » Je m'arrête ; ces souvenirs sont trop navrants.

Après la bataille de Forbach, coupé de mon corps d'armée, je me ralliai à la fameuse brigade mixte de l'intrépide général Lapasset (1).

Quel homme de guerre, doublé d'un chrétien ardent !

Le jour de la bataille de Gravelotte, avant de charger, Lapasset se place devant le front de troupes, passe son épée de la main droite dans la main gauche, fait un grand signe de croix à la façon des cheva-

(1) Celui qui brûla ses drapeaux à Metz.

liers antiques et pousse un cri : « En avant! » qui rivalise avec la voix tonnante de mille canons.

. . . .

Nous voilà renfermés dans Metz. Que puis-je vous dire de ce siège affreux? Tous les jours la même répétition d'angoisses, de souffrances; tous les jours même résignation, même héroïsme devant la mort soit à l'ambulance, soit à l'ennemi.

. . . .

Pauvres soldats, braves Français! que le départ pour la captivité a été navrant! Exterminés par la mitraille, ils ne pouvaient plus marcher, ces malheureux, et les uhlans du haut de leurs chevaux les lardaient...

Malade moi-même, brisé par la fatigue, ne pouvant plus supporter la vue des mauvais traitements que le barbare Teuton faisait supporter à nos braves soldats, je suis parti de Coblentz en décembre et suis rentré en France.

. . . .

C'est avec peine que j'écris ces quelques lignes. Ces poignants souvenirs font couler mes larmes et brisent mon pauvre cœur, déjà bien malade. L'avenir de

— Viens alors boire un verre de dur... sac à papier! (Page 110.)

notre malheureuse Patrie me préoccupe, car je ne sais s'il faut espérer ou craindre. . . . .

DARNIS.

*
* *

Mgr Augouard, aujourd'hui vicaire apostolique du Congo, pendant la guerre de 1870 a payé son tribut à la patrie comme zouave de Charette (1).

Parmi les aumôniers militaires il y avait aussi le *Père de Bengy*, jésuite, qui se multipliait pendant le siège et trouvait moyen d'égayer malgré eux les pauvres blessés au milieu de leurs atroces souffrances (2).

*
* *

Vers la fin de septembre 1870, le général Cambriels avait mis *M. Keller* à la tête du commandement des francs-tireurs du Haut-Rhin. L'ancien député avait adressé à tous ceux qui pouvaient combattre un élo-

______

(1) Au Congo français, Mgr Augouard a fondé d'importantes missions, entre autres Saint-Joseph de Luizolo, chrétienté très florissante dont l'influence bienfaisante s'étend dans un immense rayon.

C'est S. S. Léon XIII qui a érigé la mission de l'Oubanghi, au Congo, en vicariat apostolique et en a nommé titulaire le R. P. Augouard.

(2) On peut voir le portrait de l'intrépide aumônier, chez les Jésuites, au-dessus de la porte d'entrée qui conduit aux cellules.

quent appel où il disait entre autres belles choses :

.   .   .   .

« L'ennemi, ne mettant plus de bornes à son inso-
lence, ose exiger l'annexion de l'Alsace et de la
Lorraine. Il demande qu'on lui livre notre héroïque
cité de Strasbourg, dont quarante jours de bombardement n'ont pu lui ouvrir les portes.

» A ces conditions, il n'y a qu'une réponse à faire :
Guerre à outrance.

.   .   .   .

.   .   .   .

» Vous tous donc qui, jusqu'à présent, m'avez entouré de votre confiance, dévouez-vous à l'œuvre sainte
à laquelle je vous convie. N'ayons tous qu'une pensée :
la délivrance du pays.

» Dans le péril suprême où nous sommes, toute hésitation serait coupable; chaque citoyen doit être
soldat. Quant à moi, je vous distribuerai des armes, et
je me mets à votre tête pour marcher avec vous.

.   .   .   .

.   .   .   .

» Aux armes donc, mes chers compatriotes, aux
armes!

» Jusqu'ici, nous n'avons pas été heureux; mais il

est une force plus grande que celle des gros bataillons :
cette force vient d'en haut, et c'est là qu'il faut placer
notre confiance.

» Que Dieu, qui ne saurait laisser périr notre pays;
que la Vierge, patronne de Strasbourg et patronne de
la France, protègent notre drapeau et nous aident à
sauver la patrie !

» ÉMILE KELLER,
» ancien député. »

Parmi ceux qui répondirent les premiers à ce magnifique appel se trouva M. E. Perrin, aujourd'hui
vicaire à la cathédrale dè Besançon.

Ce brave abbé, qui fut sergent-fourrier à la 14e compagnie de Keller, a écrit son journal de guerre, où il
parle en termes émus de leur aumônier, M. l'abbé Dartein, qui usait de ruse pour confesser les soldats :

« Je dois, dit-il, signaler aussi notre aumônier,
M. l'abbé Dartein, qui joignait à une bonté de père le
courage d'un soldat.

» Ce digne prêtre appartenait à l'une des premières
familles de Strasbourg. Il avait avec lui son jeune
frère, docteur en droit, qui soutenait fièrement l'honneur de son nom.

» Notre aumônier confessait officiers et soldats pendant les marches, sans que personne pût s'en douter. On semblait causer avec lui, et il donnait l'absolution la main levée sous son vaste manteau... (1). »

* *
*

(1) Ce récit me rappelle la charmante anecdote si agréablement contée par mon cher confrère Roger de Beauvoir dans son *Annuaire illustré de l'armée française.* Cela est intitulé : *La Confession du zouave :*

En Crimée, il y avait un aumônier de l'armée, l'abbé Parabère, l'idole du soldat, qui l'appelait le *califat du bon Dieu.* Il fumait, buvait et jurait... il s'était fait des jurons innocents comme sainte Julienne la Belle se faisait des rides... pour ne pas humilier ses compagnes... A l'Alma, son cheval est tué... il monte crânement, nouveau Turenne, sur un canon, sans songer à s'y endormir... il passe, nouvelle Salamandre, au milieu du feu, et on dirait que les balles s'écartent avec respect devant les plis de sa robe noire.

Il n'était pas pour lui de cœur inaccessible ; — fût-il fermé par une serrure à combinaisons invisibles, il trouvait toujours le mot qui faisait partir le ressort.

On raconte que, la veille de l'assaut du Redan, il aborda un vieux zouave qui se tenait inexorable dans sa haine profonde des Jésuites.

— Eh bien ! vieux chacal, tu as donc chaud ?

— C'est vrai, monsieur l'abbé.

— Viens alors boire un verre de dur... sac à papier ! c'est un Jésuite qui paie.

— Vous êtes bien bon.

— Tu es Parisien ? ajoute le prêtre, en versant l'eau-de-vie...

— Rue Mercier, 107, quartier des Halles.

— Et tu as une mère ?

— Pauvre femme qui m'aime bien, allez !

— Et que tu as fait enrager un peu, gredin ?

Le R. P. *Tailhan*, Jésuite, ancien missionnaire au

— Ah! je m'en repens bien, elle est si bonne!

— Bois un second verre de rude à sa santé! Dame, tu étais colère, emporté, brutal, coquin que tu es !

— Un peu, monsieur l'abbé.

— Ivrogne, soulard, mauvais scélérat?

— Assez, monsieur l'abbé.

Coureur, vieux débauché !

— N... de ...! oui, monsieur l'abbé! Coureur comme un chat maigre.

— Sac à papier! tu jures, je crois.

— Quelquefois, monsieur l'abbé, quand il fait froid.

— Tu as donc tous les vices?

— Ça se peut bien.

— Bois alors une troisième goutte à ta conversion. Et tu as été *chapardeur* aussi, sans doute?

— Un tantinet, dans mon temps.

— Et fainéant à tes heures?

— La loupe, c'est dans le sang, monsieur l'abbé.

— Je vois que si tu fais l'appel nominal des sept péchés capitaux dans la chambrée de ta conscience, il n'y en a pas beaucoup qui ont découché... Et on dit qu'avant d'aller au feu, tu ne veux pas te confesser.

— Jamais, monsieur l'abbé. Vous êtes un bon homme, vous, un vrai troupier... un flambard... un sacré chien... je ne dis pas... mais pour ce qui est de la chose du confessionnal, *sufficit*, je pose ma chique... n'en faut pas!

— Eh, bêta! s'écria l'abbé Parabère en poussant de sa main blanche les épaules athlétiques du vétéran, tu viens de faire, sans le savoir, avec ces trois verres de *schnick*, ta confession générale, comme un marié dont on publie les bans... Tu as beau te démener, sac à papier! mon vieux sanglier, comme un diable dans l'eau bénite, *je te colle l'absolution.*

Canada, aumônier du 7ᵉ bataillon des mobiles de la Seine, est grièvement blessé au combat de Buzenval, où il reçoit une balle dans la tête. C'est un miracle s'il en est réchappé. Pour sa belle conduite, il est mis à l'ordre du jour de l'armée.

Le supérieur de l'École Massillon, le P. Monvelle, ancien directeur du collège de Juilly, aumônier militaire, avait suivi l'armée du maréchal de Mac-Mahon.

Après Sedan, il accompagna les blessés français en Belgique, et fut ensuite attaché à l'armée de la Loire.

* *

M. l'*abbé Lamarche* (1), aujourd'hui évêque de Quimper, était aumônier de la division de cavalerie. Il a prodigué ses soins les plus dévoués dans l'ambulance de sa division. C'était à peine s'il prenait un instant de repos.

Il eut plus d'une fois à lutter contre les autorités prussiennes.

Les protestants prussiens n'étaient d'ailleurs pas tendres pour les aumôniers catholiques. Ce récit d'un aumônier en est la preuve.

« Neuss, petite ville de dix mille habitants, ornée de l'antique porte romaine de Drusus, m'avait été

____

(1) Ancien curé de Grenelle et de Sainte-Marie des Batignolles.

signalée comme dépourvue de tout secours religieux.
Descendu à l'hôtel Drei Kœnige, j'allai faire visite au
commandant de place, M. le major prussien Hantz,
jaloux d'assurer du moins à nos malades les secours
suprêmes de la religion. Promeneur pensif et silencieux, longtemps je dus tenir pied aux sentinelles qui
veillaient à sa porte. Un sous-officier vint dire enfin :

« — Le commandant ne reçoit pas ! » J'insiste en
faveur d'une grave mission à remplir. Quelques
instants après, il rapporte ma carte en ajoutant :

« — Le commandant vous ordonne de partir sur-le-
champ, si vous ne voulez pas être emprisonné ce soir.»

« Avant de quitter Neuss, je voulus adresser une
lettre explicative au cruel major prussien. Une heure
après, je recevais la réponse suivante, modèle de civi-
lité prussienne :

« J'ai l'honneur de vous rappeler, Monsieur, qu'il y
a dans Neuss cinquante officiers avec autant de soldats français qui n'ont nécessaire rien du tout. Donc,
je crois que c'est bien facile de soigner leurs malades
et que, dès ce jour même, vous ferez bien de partir. Et
je signe : Hantz, major, commandant de Neuss. »

⁎⁎

Non seulement les Jésuites ont payé de leurs personnes comme aumôniers, comme ambulanciers, mais ils ont encore encouragé leurs élèves à combattre pour la patrie. Allez à l'école Sainte-Geneviève, entrez dans la cour. A gauche, en lettres d'or, vous lirez cette inscription tirée des *Macchabées :*

Meliùs est mori quàm videre mala gentis nostræ et sanctorum.

Entrez ensuite dans le parloir à droite et voyez :

Sur les murs sont les photographies de tous les élèves de l'école tués à l'ennemi. Les noms les plus humbles figurent à côté des noms les plus illustres. Citons au hasard :

Joseph Algais, tué à Orléans ;

Le prince de Berghes, tué à Sedan ;

Lionel Lepot, tué à Paris ;

Le duc de Lynnen et de Chevreuse, tué à Loigny ;

Henri Aubert, tué à Thiais ;

Le marquis de Suffren, tué à Reischoffen ;

Le comte Adhémar de Cransac, tué à Gravelotte ;

Robert de Kergaradec, tué à Reischoffen ;

Léon de Lamistin, tué en Afrique, etc.

Le chiffre de ces victimes est de quatre-vingt-six.

« On s'arrête devant ces portraits, a écrit un grand

écrivain (1), et l'on éprouve, en passant cette revue, une impression de mélancolie profonde. Quelques-unes de ces physionomies sont martiales et révèlent le soldat déjà habitué aux camps ; d'autres sont empreintes encore d'une grâce juvénile, et sous le héros laissent apparaître l'enfant. . . . .

. . . .

« Cette visite dans le jardin est vraiment impressionnante, je le répète. Quand un vieillard vous dit, avec son bon sourire, devant ce martyrologe de l'école : « On prétend que nous ne sommes pas Français ! » on songe que beaucoup de ceux qui sont les plus acharnés contre ces patriotiques instincteurs d'une jeunesse héroïque sont, *eux, des Français d'hier...* »

*
* *

Le *R. P. Roux* a cité le fait suivant, d'une rigoureuse authenticité, dans une retraite ecclésiastique faite à Autun, à Metz :

Pendant la guerre de 1870, un officier supérieur français, ayant été fait prisonnier, fut relégué par les Prussiens dans un village situé à l'extrémité de la Silésie, province qui est de l'empire d'Allemagne. Là, ce brave colonel trouva un vénérable curé dont

(1) Édouard Drumont : *Les Congrégations*. (*Liberté* du 23 mai 1879.)

les entretiens le fortifièrent dans sa dure captivité.

Un jour, il reçoit de sa femme une lettre où il lit : « Nos trois enfants sont malades et deux sont en grand danger. » Comme il était profondément chrétien, il alla à l'église et, là, prosterné dans un coin obscur, il répandit son cœur désolé devant le consolateur du tabernacle. Sur ces entrefaites, M. le curé entra, un papier à la main, la figure décomposée. Il va droit à l'autel, s'agenouille sur le marchepied et, se croyant seul, il s'écrie en versant des larmes : « Mon Dieu, voici vingt-deux ans que je suis dans cette paroisse, et je n'y obtiens rien ; je me suis résigné jusqu'à ce jour, mais je ne puis plus rester ; voici la lettre que j'écris à mon évêque. » Et ce bon curé se mit à lire cette lettre, où il exposait en termes touchants son découragement et son désir de se retirer. Quand il eut fini la lecture, il regarda bien en face du tabernacle et s'écria :

« Vous ne répondez pas, Seigneur Jésus ! » et après une minute de silence : « Ah ! c'est vrai ! vous me dites que vous restez bien, vous ! dans votre pauvre tabernacle, dans une église délabrée, humide, déserte, et moi, je voudrais m'en aller ! Eh bien, non, je déchire ma lettre ; il se trouvera bien une âme généreuse qui m'aidera à réparer votre sanctuaire et je finirai mes jours dans cette paroisse. »

Le colonel, l'entendant ainsi parler, se dit en lui-même : « Je me croyais le plus malheureux des hommes, mais ce digne curé a plus souffert que moi »; et après sa défaillance d'un instant, il se relève fort : « Je vais lui venir en aide et Dieu me consolera, moi aussi. »

Comme il avait une grande fortune, il promit sur-le-champ que, si ses enfants lui étaient conservés, il donnerait 100,000 francs au bon curé pour la reconstruction de son église. Sa résolution ainsi arrêtée, il s'avança vers le prêtre qui demeura tout stupéfait et lui dit :

« Monsieur le curé, j'ai tout entendu; Dieu l'a permis pour me faire voir qu'il y a des douleurs plus poignantes que la mienne, et pour me montrer où l'on peut trouver consolation et force. J'ai en France deux enfants gravement malades ; je viens de faire vœu, si Dieu me les conserve, de vous donner 100,000 francs pour votre église. »

Le pauvre curé se prit à pleurer de plus belle, mais de joie. Quant au colonel, il attendit l'espérance au cœur.

Enfin, au bout d'une longue semaine, une lettre arriva.

« Ma joie est grande; vos deux enfants sont sauvés contre toutes les préventions.

» Rendez grâce à Dieu et faites ce qu'il vous inspirera. »

Deux ou trois ans après, le colonel conduisit sa femme et ses enfants dans un village de la Silésie, pour assister à la consécration d'une magnifique église, élevée à la gloire du Dieu consolateur.

Nous sommes dans un village de Lorraine, non loin de Reischoffen. Un régiment français a été décimé par l'ennemi.

Quelques-uns de ceux qui sont restés debout ont été faits prisonniers et enfermés sous bonne escorte.

Un lieutenant de la ligne a été ramassé mourant. On l'a déposé sanglant sur un matelas dans une chambre au rez-de-chaussée d'une pauvre maison. Dans la rue, sous les fenêtres, se promène un factionnaire prussien le fusil sur l'épaule.

Le lieutenant a fait demander un prêtre et le pauvre curé du village est accouru.

Aussitôt qu'il l'aperçoit, le blessé sourit et défait sa tunique d'où il retire prudemment un drapeau aux couleurs françaises qu'il avait enroulé autour de son corps.

Le prêtre, guettant la sentinelle prussienne, se penche prudemment et sous sa soutane usée, verdâtre, il cache à son tour pieusement le dépôt sacré que les Prussiens n'auront jamais.

Le blessé a tendu la main au prêtre et son visage a paru pour un instant respirer le bonheur. Il pourra mourir en paix, le drapeau du régiment est sauvé.

Il y a quelques années nous avons vu à Grenoble, dans la salle du régiment, un drapeau où sur le blanc apparaissaient encore les traces d'une large tache de sang.

C'était le sang du lieutenant qui, avec l'aide du bon curé, avait sauvé un drapeau de la France!

*
* *

Mgr Freppel, dont la conduite durant la guerre a été digne d'éloges, a toujours conservé, comme en 1870, un ardent amour pour l'Alsace.

Le correspondant parisien d'un journal allemand, M. Philip, du *Berliner-Lokal-Anzeigner*, a adressé, en mai 1891, à un certain nombre de députés, une sorte de circulaire leur demandant leur avis au sujet de la possibilité et des conditions d'une réconciliation de la France et de l'Allemagne.

Parmi les réponses reçues, nous croyons devoir reproduire celle d'un éminent évêque, Mgr Freppel, député.

Angers, le 17 mars 1891.

« Monsieur le docteur,

» Par lettre du 12 courant, vous voulez bien me demander : 1° si je ne pense pas qu'une réconciliation puisse avoir lieu entre la France et l'Allemagne ; 2° à quelles conditions on pourrait la sceller.

» Je ne saurais mieux vous répondre qu'en vous envoyant la lettre que j'ai eu l'honneur d'écrire à S. M. le roi de Prusse, le 12 février 1871, à la veille de l'annexion de l'Alsace.

» L'événement ayant pleinement réalisé mes prévisions à vingt ans de date, je ne puis que persévérer dans mes conclusions.

» Aucune réconciliation ne peut avoir lieu entre la France et l'Allemagne qu'à la condition d'une réintégration pure et simple de l'Alsace-Lorraine au territoire français, avec des clauses d'indemnité ou de compensation financière à déterminer par les deux parties.

» Toute idée d'autonomie et de neutralisation de l'Alsace-Lorraine est une pure chimère, qui laisserait la question ouverte, bien loin de la fermer.

» Tant que l'Alsace-Lorraine ne sera pas redeve-

Aussitôt qu'il l'aperçoit, le blessé sourit et défait sa tunique d'où il retire prudemment... (Page 118.)

nue terre française en fait comme elle l'est en droit, nous aurons en perspective une guerre terrible absolument stérile pour les deux pays, car la France et l'Allemagne étant nécessaires toutes deux pour l'équilibre général, l'Europe ne laissera exterminer ni l'une ni l'autre ; et alors le duel ne manquera pas de recommencer dans un délai plus ou moins court.

» Il n'y a pas d'autre solution que la réincorporation de l'Alsace-Lorraine à la France. Un traité de paix et d'alliance venant sceller cette œuvre élèverait la France et l'Allemagne au plus haut degré de leur prospérité, et assurerait à jamais l'union de ces deux nations qui marchent à la tête de la civilisation ; car il n'y a aucun intérêt qui les divise sur aucun point du globe.

» Agréez, etc...

» Ch.-Émile FREPPEL,
» Évêque d'Angers. »

Mgr Freppel joignait à sa lettre celle qu'il écrivit le 12 février 1871 au roi de Prusse et dont voici la conclusion :

« Laissez-moi, en terminant, le répéter avec tout homme qui sait réfléchir : la France laissée intacte, c'est la paix assurée pour de longues années ; la

France mutilée, c'est la guerre dans l'avenir quoi
que l'on dise, et quoi que l'on fasse. »

.·.

M. l'abbé Challange, curé de Luigny, écrivait au
Dr René Bidard, médecin-major des mobiles de la
Manche :

« Les Prussiens ont quitté Luigny définitivement
le mardi 14 mars. Puissent-ils n'y jamais rentrer !
Mais pendant quatre mois de leur invasion et occu-
pation, je n'ai pas été le moins surchargé. La première fois, j'en avais douze à loger et quinze à nourrir,
tant officiers que domestiques, qui ne sont pas les moins
rapaces. Ma cave a rudement souffert. Si nous avions
seulement la paix, le calme intérieur, on pourrait se
refaire; mais l'avenir n'est pas beau. Où allons-nous ?

» Personne ne peut le dire. C'est aux bons citoyens
à se serrer comme un seul homme, et justement ceux
qui s'affublent de ce titre jettent la désunion et le
désordre partout.

» Oh ! que nos illusions étaient grandes, alors que
tous les deux nous nous prenions à qui mieux mieux à
former de beaux rêves pour notre pays. Le bon Dieu
en a disposé autrement; c'est à nous de nous courber

sous la main mystérieuse de celui qui a son heure.
Non ! la France ne périra pas. »

Voici, racontée par ce médecin-major Bidard, l'odyssée d'un aumônier d'un bataillon de l'Orne :

« Je rentrai à l'hôpital avec l'idée fixe de m'évader
au plus vite et de me rendre tout d'une traite à Alençon.

» J'appris alors, par une sœur de l'hôpital, que le
P. *Duguey*, de Tinchebray, aumônier d'un bataillon
de l'Orne, était, lui aussi prisonnier, et qu'il se trouvait au couvent des sœurs de la Providence.

» J'avais connu et aimé beaucoup le P. Duguey, pendant plusieurs années qu'il avait été notre aumônier au
collège d'Argentan. Je ne l'avais pas revu depuis dix
ans. Je m'empressai de me rendre auprès de lui.

» Nous nous embrassâmes en pleurant. Je le trouvai
tout triste et presque démoralisé. Il n'osait sortir. Il
avait fait demander à l'aumônier catholique allemand
qui était descendu au presbytère de Bellême si les
Prussiens lui permettraient de rejoindre son bataillon. Il lui fut répondu que la convention de Genève ne
stipulait rien de spécial au sujet des aumôniers, qu'ils
étaient prisonniers au même titre que les autres officiers. Le P. Duguey me parut bien décidé à risquer

une fois de plus sa vie pour ses chers enfants, comme il appelait ses mobiles, qui l'aimaient tous, en s'échappant à pied, à la grâce de Dieu, pour aller les retrouver, et c'est en effet ce qu'il fit dès le lendemain soir, simplement, mais héroïquement, sa petite valise à la main, au milieu d'un pays occupé par l'ennemi et risquant à chaque pas d'être fusillé. »

La religion qu'enseignent nos prêtres pouvait seule faire accomplir de tels actes de dévouement, pouvait seule faire supporter la terreur prussienne.

*
* *

Le 22 janvier 1871, la ville de Châlons était plongée dans une morne consternation. Quatre habitants de l'Aisne, saisis par les Allemands et accusés d'avoir arrêté un convoi ennemi, venaient d'être passés par les armes.

L'un des deux prêtres qui les assistèrent à ce moment terrible nous a souvent raconté ce lugubre événement : il n'en pouvait parler sans frémir, ni sans rappeler la digne et noble attitude de Châlons en cette circonstance.

Les corps de deux victimes furent réclamés par leurs familles ; les deux autres, exhumés du champ de manœuvres, étaient restés obscurément jusqu'à ce jour au cimetière de l'Ouest. Les anciens volontaires de 1870 formèrent en 1890 une commission pour élever un monument à nos quatre compatriotes.

Le 22 janvier 1890 avait lieu la bénédiction de ce monument à la ville de Châlons.

A dix heures, la commission se réunit à la cathédrale, où M. l'archiprêtre célébra le service religieux. Mgr l'évêque y assistait avec les membres du chapitre et plusieurs ecclésiastiques.

Après la messe, M. l'archiprêtre prononça l'allocution que nous reproduisons plus loin. Il donna ensuite l'absoute et se rendit processionnellement au cimetière pour bénir le monument.

Les discours furent bien dans le ton de la cérémonie. Ils rappelèrent la fin chrétienne des victimes et la participation de tous nos concitoyens à l'érection d'un monument qui glorifie le patriotisme des fusillés de l'Aisne.

Le monument, bénit jeudi, perpétuera le souvenir de cet émouvant épisode de la guerre de 1870-71.

Voici un fragment de la belle allocution de M. l'archiprêtre de Châlons sur les quatre victimes :

« Ils étaient catholiques tous les quatre ; ils voulurent mourir en catholiques. Deux de nos confrères,

M. le chanoine Muller et M. Leroux, alors curé de Saint-Jean, reçurent la douloureuse mission de les assister ; ils entendirent leur confession et les réconcilièrent avec Dieu. Ils restèrent près d'eux jusqu'à l'instant fatal pour les soutenir et les exhorter, leur présentant l'image du Sauveur, leur montrant le ciel comme la récompense de leur résignation. Encouragement puissant, le seul à donner, le seul acceptable dans un pareil moment ! Quand chrétien, a dit le général Berthault, — et il marquait là la vraie source de l'héroïsme, — quand chrétien on croit à une autre vie, on se résigne plus facilement au sacrifice de celle-ci.

» Les adieux de ces pauvres gens, leurs adieux de fils, d'époux, de pères, car ils étaient chefs de famille, leurs tendres recommandations, nos confrères les recueillirent avec émotion sur leurs lèvres tremblantes, pour les transmettre, comme une consolation suprême, à leurs parents éplorés. »

« Ce sont ces touchants souvenirs, messieurs, que vous avez voulu consacrer par la cérémonie de ce jour ; et le monument que nous allons bénir, élevé par vos soins au cimetière de l'Ouest près de celui de nos soldats morts pendant la guerre de 1870, restera, pour la postérité, une protestation de la justice outragée dans la personne de ces hommes frappés sans preuves, ou plutôt malgré les preuves apportées de leur innocence des faits dont ils étaient accusés. L'instituteur, pour ne parler que de lui, n'attesta-t-il pas, en effet, par la voix de la population tout entière, qu'il était dans sa classe au milieu de ses enfants à l'heure même où le convoi prussien était attaqué et dévalisé près de Vendières?

» Ils étaient morts, marqués des signes de la foi, confessés et réconciliés avec Dieu, en un mot, avec tous les gages du salut.

« C'était donc juste, messieurs, que vous demandassiez à la religion de prier pour eux et de bénir leurs tombes.

» C'était entrer dans leur dernière pensée; c'était, tout à la fois, obéir au sentiment chrétien, que de répéter, là même où ils étaient tombés, pour les âmes de ces chers morts, l'offrande des prières déjà présentées à Dieu par leurs familles au jour de leur trépas. Double sentiment auquel a voulu rendre hommage votre Commission tout entière, et permettez-moi de vous en féliciter.

» Enveloppés dans nos désastres, ayant subi le sort des hommes de guerre, eux qui étaient restés sans combattre, notre vaillante armée a bien voulu les assimiler à ses propres membres, et c'est ce témoignage que je tire de la présence de nos chefs militaires les plus éminents, les plus respectés, venus ici aujourd'hui pour rehausser de leur assistance cette cérémonie tout intime et pour joindre leurs prières aux nôtres.

» Que cette cérémonie assure donc l'éternel repos aux âmes de nos chères victimes, si déjà elles n'y sont pas entrées ! Qu'elle serve à perpétuer leur mémoire ! Qu'elle soit une leçon pour tous ! Qu'elle accentue encore davantage l'union étroite qui doit exister chez nous entre la religion et la patrie ! Religion, patrie, deux choses, en effet, indissolublement unies l'une et l'autre.

» Notre grand pape Léon XIII le disait dernièrement dans une de ses encycliques : — L'amour de l'Eglise ou de la religion et l'amour de la patrie s'accordent merveilleusement dans les âmes, parce que l'un et l'autre ont Dieu pour auteur.

» Restons donc unis, messieurs, dans ce double amour ; restons unis pour défendre et glorifier, chacun selon notre vocation, la religion et la patrie. C'est ce cri, ce me semble, qui sort de ces tombes que nous allons bénir ; écoutons-le. Alors la France prospérera :

elle continuera à compter sur la terre parmi ses enfants beaucoup de grands citoyens et de nombreux élus au ciel. »

Un volontaire de la garde nationale mobilisée (17e bataillon), racontait :

« Je me rappellerai toute ma vie la nuit de Noël, nuit vraiment solennelle passée en grand'garde en avant de Vitry. Il gelait à dix degrés, le vin même se congelait dans nos bidons, mais nous n'y pensions guère. Nous étions tout au devoir militaire, avec l'âme inondée des émotions, des grandes pensées que réveille la fête de Noël passée loin de ceux qu'on chérit et dans la patrie en deuil !

» Nous avons eu la messe dite par le *P. Charles Perraud*, qui nous suit et partage toutes nos fatigues comme aumônier. Pauvre petite église de Vitry !... Les fidèles habitués étaient remplacés par des mobiles et des gardes nationaux. La messe était répondue par deux gardes en capotes grises et en ceinturon... C'était la messe des patriotes... On était sincère, recueilli, soumis aux décrets sévères de Dieu ; on priait pour la France. Soyez certains que les gardes nationaux qui étaient dans l'église de Vitry auront bonne attitude devant l'ennemi. Notre foi apprend à

craindre Dieu et à ne pas craindre la mort, à se sacrifier pour ses frères et pour sa nation comme Jésus-
Christ. »

*
* *

Les membres de l'épiscopat français se sont, eux
aussi, bien dévoués pendant la guerre. Tous ils ont
cherché dans la mesure du possible à adoucir le sort
des populations de leurs diocèses, à atténuer les reven-
dications des vainqueurs.

Nous pouvons citer comme exemple la belle conduite de *Mgr de Bonnechose*, le cardinal-archevêque
de Rouen.

C'est le 5 décembre 1870 que les Prussiens firent
leur entrée à Rouen. Le commandant en chef de leur
armée, M. de Manteuffel, vint demander au prélat
s'il n'avait pas des intérêts à sauvegarder.

Mgr de Bonnechose lui répondit qu'il ne voulait
rien pour lui-même, mais qu'il espérait que l'armée
allemande respecterait les couvents et les églises et
lui demanda de ne pas frapper une population déjà
bien éprouvée.

Le prélat fut si éloquent que M. de Manteuffel
promit de ne pas mettre de contribution de guerre. Et
il tint parole.

" Malheureusement, M. de Manteuffel parti, le nouveau commandant prussien, le 11 février 1871, avertit la municipalité de Rouen que le département aurait à payer une contribution de guerre de 26 millions et que la ville de Rouen y serait comprise pour la somme de 6.500.000 francs.

C'était la ruine pour tous.

On vint prier le cardinal de s'interposer. Mgr de Bonnechose promit d'aller lui-même à Versailles plaider la cause de Rouen auprès du roi de Prusse. Il partit effectivement de Rouen le lendemain à quatre heures du matin, par un temps épouvantable. Il s'arrêta à Poissy, alors limite extrême du chemin de fer et de là à Versailles dans une vieille berline.

Arrivé à Versailles, Mgr de Bonnechose vit successivement le comte de Bismarck, le ministre de la guerre, M. de Riou, le grand-duc de Bade, l'empereur lui-même. Auprès de tous il eut des mots émus, il parla en prélat et en patriote et fit si bien que l'Empereur d'Allemagne faisait télégraphier à Rouen : « Pourvu que l'on paie le tiers de la contribution, faites remise du reste. »

Mgr de Bonnechose avait bien mérité de la patrie.

Quand, après des récits pareils, on entend des politiques s'écrier : « Le cléricalisme, voilà l'ennemi », il faut hausser les épaules, se demander si l'on n'a pas affaire à des fous ou à des dégénérés, car on ne peut se faire idée d'une pareille ingratitude envers ce clergé qui s'est montré si patriote.

N'oublions pas, en terminant ce chapitre, de dire que les RR. PP. Assomptionnistes avaient plusieurs des leurs comme aumôniers. Nous pouvons citer entre autres le Père *Picard*, aujourd'hui supérieur général ; le Père *V. de Bailly*, directeur du journal *la Croix*, aumônier des zouaves pontificaux ; le Père *Emmanuel Bailly* ; le Père *Perret*, qui tous se dévouèrent dans les ambulances et sur les champs de bataille.

LES PRÊTRES MARTYRS DE LA GUERRE

« Nous n'avons trouvé debout que
le clergé!... »
DE BISMARCK.

*Non nobis Domine sed nomini tuo
da gloriam.*

SOMMAIRE

PRÈS les francs-tireurs, ce furent les représentants de la religion catholique qui eurent le plus à souffrir de la haine et de l'animosité prussiennes. Chez beaucoup d'entre eux, la vue d'une pauvre soutane noire et râpée avait le don de les mettre en fureur.

On ne saura peut-être jamais tous les mauvais traitements que nos pauvres prêtres eurent à souffrir de la part des ennemis. Beaucoup moururent d'une façon obscure.

Dans ces quelques pages, nous n'avons pu parler, hélas! que de quelques actes de ces nouveaux martyrs; mais nous allons mettre en relief quelques-unes de ces belles figures de héros. Les mettre toutes ne nous a pas été possible. Force nous a été de faire un choix.

*
* *

Les petites villes des Vosges se sont admirablement défendues. Les curés ont plus d'une fois guidé la défense des paysans. Dans un de mes voyages en ces ravissantes contrées, j'avais entendu parler d'un brave curé des Thons, martyrisé par les Prussiens, et j'appris qu'il était maintenant curé à Champdray. J'allai le voir, désireux d'obtenir de lui quelques renseignements. Ce ne fut pas sans peine (ces héros de la soutane sont la modestie même), et il me fallut encore l'intervention d'un de ses paroissiens pour le décider à nous raconter quelques épisodes. J'ai transcrit aussi fidèlement que possible le récit que me fit M. *l'abbé*

« — Non, je ne bois pas avec mes ennemis! » (Page 141.)

Mangin, un nom de brave à retenir. Laissons-lui la parole.

.   .   .   .

Le 23 décembre 1870, à quatre heures de l'après-midi, arrive aux Thons (1), où j'étais alors curé, un régiment de landwehr badois.

Deux jeunes sous-officiers, dont l'un fils de ministre protestant, me sont imposés pour le logement, la table, etc. Le fils du ministre me présente un chiquet de papier portant au crayon : *Cuiré ici, vinir château tit suit.* Signature illisible. « Curé d'ici venir tout de suite au château. » Il y a en effet un château aux Thons, qui n'est plus habité que par un régisseur, et dont les Prussiens avaient fait leur camp retranché et le logement de l'état-major... N'étant ni soldat ni tenu à rien comme soldat, je ne tiens aucun compte de ce billet... je cours au contraire dans le village pour rassurer mon monde ahuri, effrayé de l'allure des vainqueurs. Ma domestique court presque aussitôt à ma recherche et me dit : « Monsieur le curé, venez vite ; ces c......-là sont plein la maison et pillent tout votre ménage. » J'accours, et je trouve à la cuisine et dans la cour une douzaine d'individus prussiens nantis de

(1) Vosges — près Bourbonne-les-Bains.

couverts d'argent, de couteaux, de couperets, même de
lard décroché à la cheminée. J'en empoigne un *par les
côtes* et je lui fais franchir le seuil de la porte de la cour
plus lestement que ne le font d'habitude ces graves
personnages... Un ancien troupier d'Afrique, nommé
Simon, sonneur, est alors venu à mon secours, s'est
emparé du sabre de l'un d'eux, a pratiqué l'escrime en
grand et est parvenu à faire déposer presque tout ce
qui avait été volé. (Ce sabre avait servi à me percer le
manteau et la soutane quand j'expédiais mon pioupiou.)
Je possède encore ce manteau, qui s'est promené avec
moi à *Jérusalem* en 1882.. . . . .

. . . .

Jusqu'à onze heures du soir, le même jour, je n'ai
fait que garder la maison, avec fenêtres et portes éclai-
rées. A onze heures arrivent douze hommes, baïonnette
au bout du fusil; le caporal me somme de les suivre. Je
demande où; on me dit au château. Je m'y rends.
Arrivé au château, on me conduit dans l'immense
salle de réception, où se trouvaient treize officiers
attablés et avinés, et mademoiselle Boulanger, régisseur du château. Cette dernière, qui avait été pré-
cepteur en Moldavie, me dit : « Oh! que je suis con-
tente de vous voir arriver! Voilà trois heures que je

vous défends et que je combats pour l'église et pour votre maison, où ils veulent mettre le feu. » Je la remercie, et à l'instant un officier de réquisitions me désigne une chaise à l'extrémité de la salle en me disant : *Fous aseoir là...* Je vais chercher la chaise près de l'énorme fourneau de brique et je dis : « Non, je ne m'asseoirai pas là, mais ici. » Je m'installe donc près de mes sbires, leur tournant quasi le dos, mon chapeau sur la tête et les jambes croisées...

Je m'aperçois vite que l'orage commence à gronder ; toutes les figures se tournent du côté d'un grand et beau capitaine qui me fait l'effet d'un contradicteur à tous... Puis l'un de ceux-ci me dit, en mettant le doigt au front : « *Fous froid là ?* — Oui, monsieur. — *Fous pas comprendre ?* — Moi très bien comprendre. — Foulez-vous poire champagne avec nous ?* — Non, je ne bois pas avec mes ennemis. » Tous alors de se lever, de courir sur moi et de m'assommer à coups de poing... un au front, qui me fait l'effet de l'assomme-ment ; puis un autre au coin de la tête, côté gauche, qui me rend chauve, voyez, presque de la largeur de la main. Tout à l'heure, je vous ferai voir les cheveux arrachés par ce coup, avec leurs racines blanches. Je les ai gardés comme un souvenir de la Prusse civilisatrice.

Un troisième coup de poing, sur la joue droite, me pèle la chair contre les dents et me fait saigner à flots. Quatre ou cinq autres me tombent sur la tête et sur le col... puis on me traîne au corps de garde, où se trouvaient déjà différents otages, le maire et l'adjoint entre autres... A mon apparition, les soldats joignent les mains en disant : *Malhour, malhour...*

A deux heures du matin (c'était la veille de Noël), un capitaine vient me trouver dans la paille, s'agenouille près de moi et me dit : « *Moi catholique, officier polonais; moi fous conjurer pas fous raidir; officiers prussiens méchants; fous fusillé sans rémission...*» J'aurai, toute ma vie, le regret de ne lui avoir pas serré la main en le remerciant...

A trois heures du soir, le même jour, mon officier de réquisitions, fournisseur de chaise la veille, se présente à moi, au corps de garde, et me dit : « *Fous tonner tit suite votre révolver...* — Je n'ai pas de révolver... — *Ce n'est pas ce que vos gens ont tit...*— Je ne sais pas ce qu'ont pu dire mes gens. J'avais un revolver, c'est vrai, mais je l'ai donné à un cuirassier.

— *Et où cuirassier?* — A Clermont-Ferrand, à votre

service, si vous voulez aller le chercher... — *Vous fouiller.* » Et il me fait ôter mon manteau, puis porte la main à ma ceinture, endroit où je mettais mon révolver quand je le portais. Il était donc bien renseigné. Ne trouvant rien, il me quitte, puis revient au bout de vingt à vingt-cinq minutes et me dit : « *Fous tonner vos clefs.* — Pourquoi mes clefs? — *Pour aller fouiller votre maison, chercher votre révolver. Si fous tire où il est, nous le chercher, fous quitte; si fous pas tire, nous trouver révolver, fous fusillé sans rémission, demain, huit heures, houblonnière...* » Je frissonne ; mais la pensée de donner des armes aux ennemis de la France, et que cela pourra être connu de mes gens, m'offusque à tel point que je préfère risquer la mort.

Je livre mes clefs et tout aussitôt je pense à mon âme et j'écris un mot d'adieu à ma famille et deux clauses de testament, sur mon bréviaire et au crayon.

. . . .

A sept heures, ma domestique arrive avec mon sous-officier protestant ; tenant à la main une tasse de bouillon, une bouteille de vin et du pain, elle me dit : « Nous en avons échappé d'une belle... — Silence, lui ai-je répondu, ici on comprend le français... » Tout était dit par le mot : Nous en avons échappé... Je bois un peu de bouillon, seule nourriture depuis la veille au soir ; puis je me mets à espérer que je ne finirai pas ma vie par la fusillade à 32 ans, près d'une houblonnière. . . . .

. . . .

A 8 heures du matin le lendemain, Noël, mon sous-officier reparaît et me dit : « *Fou partir.* —Et où ? —*Tan fos appartements.*» Je n'y croyais pas, il répète et dit : « *Fou tire la messe, pas sonner cloches...* » Mademoiselle Boulanger, le régisseur, avait obtenu cela du commandant. Je pars donc et ne fais pas comme la femme de Loth... Arrivé chez moi, ma domestique Catherine Billot me raconte la scène de la fouille pour le revolver.

Le sous-officier était parti avec douze hommes ; deux ont été postés près de la porte, un à chaque fenêtre, deux pour garder la domestique, le reste pour fouiller. En entrant, l'officier lui avait dit : *Montrez tit suite le chambre à coucher de M. le Quiré.* Elle montre une chambre où se trouvait un lit ; ils s'y précipitent, renversent tout, sommier, draps, etc., et fouillent la cheminée. Ne trouvant rien, il dit à la domestique : « *Si fou tire ou revolver de M. le Quiré, ce sera fini. —* M. le curé n'a pas de revolver. — *Ce n'est bas ce qu'a ti M. le Quiré. —* Je ne sais pas ce qu'a dit M. le curé; il avait un revolver c'est vrai, mais il est allé en route et je ne l'ai plus vu. » Il reprend : « *Capinet te dravail*», et ma gouvernante les conduit en haut dans ma chambre et leur ouvre une porte de faux grenier où se trouvaient des bonbonnes .d'eau-de-vie; ils s'y précipitent tous et ma domestique se voyant seule court au grenier au-dessus de ma chambre, prend le revolver avec deux boîtes de cartouches, les met dans son corset et revient triomphante à son poste, où viennent la rejoindre deux gardiens emportant une bonbonne d'eau-de-vie vieille...

L'officier demande à monter au grenier; ils y montent et vont se mettre sous des couvertures et des châles que l'on avait cachés là et où se trouvait le revolver trois minutes auparavant.

A la nouvelle de la bonbonne volée je m'indigne et j'écris cette lettre au commandant : « Hier, un de vos officiers est venu me fouiller, sous prétexte qu'on lui avait dit que je portais des armes; n'en ayant pas trouvé, il me demande mes clefs pour aller fouiller ma maison, m'assurant bien qu'on ne prendrait rien : or, les fouilleurs ont emporté une bonbonne d'eau-de-vie vieille. Je vous demande, monsieur le commandant, si c'est là ce que vaut la parole d'un officier prussien. En attendant une réponse, je vous offre mes salutations. »

La réponse ne s'est pas fait attendre et elle a été catégorique : ma domestique, qui l'a remise au commandant, a été gardée au poste et vingt minutes plus tard un caporal m'arrivait avec ses douze hommes, me disant : « *Fous venir tit suite...* » J'étais à table et j'ai dû abandonner le dîner ; on m'a réintégré dans mon corps de garde jusqu'au lendemain à 3 heures du soir, lorsqu'on vient crier dans la cour du château : « Garibalde, Garibalde ! » Tout le monde prend ses dispositions pour le départ lorsqu'on me fait venir devant le commandant et quarante officiers. Celui-là me dit : « *Quand vous écrire officir proussien, vous écrire moins arrogamment ; vous venir avec nous. —* Et où, avec vous ? — *A Berlin.* — Tant mieux, je verrai Berlin. »

Un convoyeur étant arrêté avec tout son attelage dans l'allée de tilleuls, mon officier me quitte pour aller fouetter et l'attelage et le conducteur. Je saisis le moment pour me jeter dans les caveaux du château et je n'en suis sorti qu'à 7 heures du soir. Le lendemain, dès 6 heures, on vient me prier de faire un enterrement d'une personne morte depuis trois jours. J'étais à l'église lorsqu'une colonne de cent hommes à peu près arrive, demandant après moi... Me voyant à l'autel, deux hommes m'ont attendu à la porte de l'église et les autres ont donné à manger à leurs chevaux, lorsqu'une femme vient dire : « Les Garibaldiens sont venus la nuit visiter le château, et si vous y aviez été c'était fait de vous et de moi; » ils brident leurs chevaux et décampent. C'est ainsi que j'ai été délivré. Mais M. Beunon, curé de Saint-Julien, aujourd'hui curé à Lamarche, a dû payer pour moi... De Saint-Julien qui est sur une hauteur, quelques malavisés munis de *chassepots* ont tiré sur la colonne qui aussitôt monte et fait l'assaut du village. Un vieillard qui traversait la rue est tué. M. le curé est pris au sortir du lit et le maire, malade, arraché de son lit; on les brutalise de toutes manières, on les amène à Dauray d'abord où on les fait coucher sur la voiture sans vouloir même permettre qu'on leur donne des couvertures, et cela par une nuit des plus froides. Le lendemain, ils sont conduits à Épinal où ils sont restés prisonniers jusqu'à la conclusion de la paix, et la commune de Saint-Burlière a dû payer 5,000 francs d'amende.

Tels sont les quelques souvenirs que je puis vous donner. Quantité d'autres prêtres ont eu maille à partir avec la troupe allemande qui s'est montrée si souvent brutale et agressive.

. . . .

. . . .

Quand je pris congé du vénérable curé, ce ne fut pas sans une émotion profonde que je serrai les deux mains de ce patriote dont je voudrais voir quelque jour le nom inscrit en lettres d'or.

*
* *

Elle est devenue populaire cette héroïque histoire du brave curé de Bazeilles qui, voyant les Prussiens fusiller les francs-tireurs, brûler les maisons, appelle ses paroissiens aux armes !

Il les réunit dans l'église, s'empare d'un fusil et bravement rallie autour de lui à la fois paysans et soldats.

Pendant longtemps sa petite troupe tient en échec les Prussiens étonnés et, quand il ne reste plus une cartouche, le brave prêtre est fait prisonnier.

Traduit devant un conseil de guerre, il est condamné à mort, et devant les fusils qui le couchent en joue, il s'écrie : « Vive la France ! »

Ce touchant épisode a inspiré ces beaux vers à Paul
Déroulède :

I

Le blâme qui voudra, moi je l'aime ce prêtre !
Est-ce sa faute à lui s'il perdit sa raison,
Si des frissons de haine ont traversé son être,
Lorsque les Bavarois, les poings pleins de salpêtre,
Brûlaient homme par homme et maison par maison?

II

Ils avançaient ainsi, dévastant le village,
Ne laissant derrière eux que ruine et que mort.
Et qu'importait le sexe, et que leur faisait l'âge!
N'avait-on pas tenté d'arrêter leur passage ?
Féroces par calcul, ils tuaient sans remord.

III

La place de l'Église était encore à prendre,
Mais nos soldats luttaient d'un cœur mal assuré,
Et quelques-uns déjà murmuraient de se rendre,
Lorsque sur le parvis un cri se fait entendre :
« Aux armes ! mes enfants! » C'était ce vieux curé.

IV

Et, passant sa soutane aux plis de sa ceinture,
Faisant au paysan signe de l'imiter,
Il ramasse un fusil que la mort lui procure.
Chacun s'arme, chacun s'excite et se rassure,
Et la poudre aussitôt recommence à chanter.

V

Pif! paf! les Bavarois s'avançaient en colonne ;
Derrière un petit mur, on se mit à couvert :
« Feu ! commandait ce prêtre et que Dieu me pardonne ! »

Les habits bleus tombaient comme les bois d'automne,
Mais leur flot gémissait toujours comme la mer.

VI

La lutte se finit, hélas ! comme on peut croire,
Mais les fiers Allemands ont regardé, surpris,
Ces paysans couchés sous la muraille noire ;
Ce fut court, mais ce fut assez long pour la gloire ;
Le curé de Bazeille est mort pour son pays !

N'est-ce pas le général Ambert qui rêvait un jour de peindre « un prêtre vénérable, serviteur de Dieu, ami des pauvres, simple en sa vie, et cachant aux regards ses mérites et sa science ? »

J'ai bien trouvé le modèle, mais pas la plume qui devrait le décrire. Vous me pardonnerez donc, ami lecteur, de ne vous faire qu'une esquisse ; votre souvenir l'achèvera et votre cœur le fera revivre.

Voici ce que fit l'abbé *Joseph-Léopold Damien*, né à Belmont en 1818, d'une famille de cultivateurs. Un brave abbé, qui fut son compatriote et son ami, a bien voulu me raconter la belle conduite de l'abbé Damien pendant la guerre.

J'ai peu connu l'apostolat de M. l'abbé Damien, à Neufchâteau. Je sais qu'il se consacra surtout à deux œuvres : la direction des religieuses dominicaines et les conférences du collège ; tous ses anciens élèves sont demeurés ses amis et parlent encore avec admiration de ses instructions pleines de choses qu'il rendait.

Sur la fin d'octobre 1870, deux ingénieurs prussiens, qui n'étaient que de vulgaires espions, furent surpris à Remiremont dans un hôtel et fusillés par les francs-tireurs. A cette nouvelle, un fort détachement de soldats allemands accourut pour venger la mort des deux ingénieurs.

Avant leur arrivée, un franc-tireur de la ville, sans en avertir M. le curé *Damien* (Joseph-Léopold), songea à faire transporter les fusils de la garde nationale dans les combles de l'Église.

La besogne terminée, les sauveurs en instruisirent M. l'abbé Damien. Malheureusement, plus tard, ils en instruisirent aussi les soldats prussiens. Pour prix de leur trahison vile, ils reçurent quelques francs, peut-être trente comme Judas en vendant son divin maître.

Aussitôt leur entrée et leur installation à Remiremont, les Prussiens font irruption à la Préfecture et veulent à tout prix prendre le sous-préfet qui n'est plus là.

Les domestiques sont fort malmenés. Pour les délivrer, quelqu'un dit : « Il est peut-être chez M. le Curé ! »

Cette fois c'est un assaut chez M. le curé.

M. le curé ouvre lui-même la porte. De suite il est brutalement constitué prisonnier de guerre chez lui pendant que les soldats furieux recherchent partout la cachette du sous-préfet. Ne l'ayant pas trouvée, leur fureur se calme un peu et ils laissent pour un moment M. Damien en liberté. Ils se rendent de là à la mairie, et demandent une indemnité de guerre de cent mille francs. Ils ne peuvent s'entendre avec la municipalité. Les Prussiens prennent alors un parti extrême : le tiers de la municipalité fait prisonnier de guerre ; et M. le curé Damien, coupable d'avoir fait cacher des fusils dans les combles de son église, irait traiter l'affaire avec le préfet prussien de la ville d'Epinal.

Ces messieurs sont chargés sur une voiture et les voilà en route pour Epinal. M. le curé pensait demander pour la nuit l'hospitalité à M. Constant, curé d'Epinal, et ces messieurs chez plusieurs personnes de leur connaissance. Mais ils avaient compté sans la brutalité allemande.

Après avoir attendu longtemps le préfet dans la

Il les réunit dans l'église, s'empare d'un fusil et bravement rallie
autour de lui... (Page 148.)

cour de la Préfecture, la voiture prussienne tourne à droite et conduit les otages en prison où on les loge tous gratis !

Le lendemain le doux préfet prussien qui, en bon protestant luthérien, déteste les catholiques de Remiremont, ne veut ni les voir ni les entendre ; il leur fait prendre à tous la route de Nancy où ils arrivent le soir.

Dans cette ville, ils sont également logés dans la prison !

On pensait rentrer à Remiremont dès le lendemain matin et le soir on se trouvait incarcéré à Nancy.

Il serait oiseux de narrer les soupirs, les gémissements, voire même les larmes de tous.

Le souper est servi, personne ne veut ni ne peut manger. M. Damien les y oblige par la douceur et la persuasion. Il fait relever ceux qui avaient déjà pris la position horizontale, les console et les encourage et tout le monde soupe...

Lorsque chacun, accablé de telles fatigues morales, commence à dormir, M. le curé fait demander un bréviaire à M. l'aumônier, car on ne lui avait pas laissé le temps de prendre le sien et se met à réciter l'office.

Le lendemain et les jours suivants, M. l'abbé Damien continue de se montrer gai et de consoler ses tristes compagnons d'infortune.

Cependant on les fait comparaître devant un major prussien, protestant prussien piétiste que la vue de la soutane de M. Damien fait entrer dans des transports inimaginables !

Plusieurs fois il le fit paraître seul à sa barre. Tantôt il lui promettait de lui rendre la liberté s'il consentait à lui donner le nom du Remiremontais qui avait fait placer les fusils dans les combles de l'église. Mais le curé n'était pas homme à vendre ses paroissiens à la vindicte prussienne.

Tantôt il le menaçait de la mort (et il y eut comme un commencement d'exécution, puisque M. Damien reçut sur la tête un vigoureux coup de sabre qui lui enleva une énorme touffe de cheveux et dont on voyait encore la trace seize ans plus tard), tantôt il le menaçait de la captivité en Prusse. M. Damien fut parfois si maltraité que le concierge de la prison en pleurait et disait un jour : « Monsieur le curé, ils feraient mieux, voyez-vous, de vous tuer. Ce sont des misérables de vous faire tant souffrir ! » Enfin il fut décidé que les municipaux resteraient à Nancy et que leur curé irait respirer l'air de Graudenz ! Et le jour de la Toussaint

fut choisi pour commencer ce voyage d'agrément!
M. Damien assistait à la messe chantée par M. l'aumônier, lorsque le concierge vint lui dire, les larmes aux
yeux, que le brutal major le demandait.

En sortant de la chapelle, M. le curé le trouva dans
le corridor : « Avez-vous réfléchi aux conséquences de
votre silence obstiné. Voulez-vous... — Jamais!
jamais! — Eh bien! dans une heure vous serez en
route pour l'Allemagne. Avez-vous quelque chose à
demander? — *Je n'ai rien à demander aux ennemis
de ma patrie!* — A votre aise, monsieur. Allez vite
boucler vos malles. » Je crois l'avoir dit, M. Damien
n'avait eu le temps de prendre ni argent, ni linge, ni
aucun effet de voyage. Ses amis, nombreux à Nancy,
lui avaient envoyé le linge indispensable et ces messieurs de Remiremont lui remirent, **au moment du départ,** deux cents francs en pièces de cinq francs en or.
Il faut partir. Les adieux sont déchirants !

Avant d'aller plus loin, disons que le brutal major
ne jouit pas longtemps des grades supérieurs qu'il reçut de son maître, le roi de Prusse, ni du magnifique
mariage qu'il contracta immédiatement après la
guerre. Avant le 1er janvier 1872, il avait rendu compte

à Dieu de son ignoble conduite à l'égard du curé de Remiremont.

En route pour l'Allemagne. La voiture qui devait transporter le prisonnier en Allemagne stationna une heure sur la place de la préfecture. De nombreux soldats entouraient la voiture pour arrêter la foule émue qui se pressait. Une religieuse de Saint-Charles avait à remettre à M. Damien une lettre adressée à madame la supérieure du grand hôpital catholique de Berlin et une valise renfermant des vivres et du linge. Aux soldats qui l'empêchaient de passer elle dit : « Nous soignons bien vos blessés et vos malades, et vous ne voudriez pas que nous soyons aussi bonnes pour l'un de nos prêtres français... » Elle put atteindre la voiture et dit à M. Damien qui la remerciait : « Prenez, prenez, vous en aurez besoin, monsieur le curé! » La voiture s'ébranla...

Je ne pourrais citer toutes les villes qui jalonnèrent la route suivie par M. Damien jusqu'à Graudenz. L'abbé n'a pas écrit son journal, il était trop humble pour cela. Voici les noms des principales :

Avant d'entrer dans le Palatinat bavarois, M. Damien a traversé Wissembourg et la forêt de Haguenau, où les traces de la terrible bataille si connue

« sont encore visibles »; de là il fut conduit à Rastadt, à Manhein, puis à Mayence, où la population lui fit un accueil sympathique. Bien des personnes vinrent, « comme s'ils l'avaient connu depuis longtemps », lui demander « avec l'intérêt le plus respectueux » pourquoi il était confié « à la garde de deux Prussiens ». Après avoir entendu sa réponse — vous la devinez — ils lui disaient : « Ne manquez pas d'écrire à notre reine; elle est si bonne qu'aussitôt qu'elle connaîtra votre innocence elle sera heureuse de vous rendre la liberté. » En toutes ces circonstances M. Damien s'est fait un devoir de payer un tribut de reconnaissance à cette bonne population de Mayence. « Ce sont, disait-il, des catholiques de la vieille roche. » De là il fut dirigé vers l'ancienne capitale de la Confédération germanique, Francfort. Après Mayence, c'est la ville dont il a gardé le souvenir le plus agréable. Il reçut là, dans un hangar où les Turcos avaient logé quelques jours plus tôt, la visite du curé de Notre-Dame de Francfort, qui a une autorité quasi-épiscopale. Cette visite sympathique lui fit du bien. Quant aux habitants, à l'exception de quelques-uns, pour qui M. Damien était, en qualité de prêtre français, un objet de curiosité « plus enfantine que malveillante »,

ils se montrèrent généreux, hospitaliers ; plusieurs
même qui savaient un peu de français vinrent causer
avec lui. Quand il fallut quitter la gare où l'on entre
en venant de Mayence pour aller à l'autre gare, éloi-
gnée de quatre kilomètres, ils voulurent payer le fiacre
qui devait le conduire et lui faire accepter des vivres.
« Acceptez cela, vous en donnerez à vos deux gardiens
et ils seront plus aimables, ainsi qu'aux autres soldats
français qui vous accompagnent. » Deux prisonniers
français suivaient la même route.

A partir de Francfort, le prisonnier ne rencontrera
plus guère de sympathie; je ne puis plus le suivre dans
sa voie douloureuse, parce que M. Damien, s'il parlait volontiers de ces deux dernières villes, c'était par
reconnaissance; mais il cachait, par vertu, pour ne
rien perdre du mérite de ses souffrances, le martyre
long et cruel que plusieurs villes lui firent subir. On
le fit voyager dans un wagon à bestiaux avec quelques
prisonniers français ! Couché sur la paille que les ani-
maux avaient eue fraîche, il fut couvert, il faut bien le
dire, de vermine ! Dans un moment d'expansion, il
s'oublia et m'avoua qu'obligé de faire la chasse aux
insectes qui le dévoraient, il prit une pièce d'un franc,
l'appuya fortement contre sa chair et il put compter

vingt de ces insectes tués sous le petit format de cette
pièce ! C'est à peine croyable ! A la gare où il descen-
dit de ce wagon et où il fut obligé d'attendre une heure
le départ du train qui devait le transporter plus loin,
la foule qui se pressait à la gare aurait fait la fin des
deux soldats français et de lui si elle avait pu les
joindre. Elle se contenta de les huer, de les siffler, de
leur crier *capout* et de leur lancer qui des pierres, qui
des pois avec des tubes en verre très longs. Les gardiens furent contraints, pour les dérober aux regards,
de les enfermer dans une pièce renfermant les bureaux
de la petite vitesse. Tant que les vivres offerts à
Mayence et à Francfort durèrent, tout alla bien pour
les Français et M. Damien. Mais ils manquèrent bientôt. On en demanda aux gares et plusieurs fois on lui
remit deux côtelettes crues ! Ses gardiens les mangè-
rent. Après être resté trente-six heures sans manger,
il pria, à une gare, ses gardiens de le conduire à un
hôtel assez rapproché. La salle était remplie de Prussiens. Les deux petits soldats français dont il avait
pris soin comme s'ils eussent été ses enfants, et qu'un
bout de saucisse avait réjouis, se mirent à fredonner la
Marseillaise et à s'accompagner avec leurs pieds et
avec leurs poings.

— Malheureux étourdis, que faites-vous ?

M. Damien n'avait pas achevé sa phrase qu'une douzaine de bras et de pieds prussiens frappaient et faisaient rouler sur le plancher les deux imprudents.

Ils auraient été tous massacrés sans la très suppliante intervention de M. Damien.

Le lendemain, les deux soldats se séparaient de leur ange conducteur et M. Damien était dirigé sur Magdebourg.

Il y arriva pendant la nuit, et pendant quatre heures environ il fut enfermé dans un poste occupé par des Saxons protestants qui l'outragèrent de la façon la plus barbare.

Propos injurieux et orduriers, soufflets, crachats (il en fut couvert), cheveux arrachés, rien d'injurieux ne lui fut épargné.

A Berlin, où il resta un jour, Dieu lui envoya, pour le consoler, deux anges sous la cornette des sœurs de charité de Saint-Charles. Elles lui apportèrent de nombreuses provisions de voyage, recommandèrent aux gardiens d'avoir soin de lui, leur donnèrent la pièce de pourboire et payèrent chemin de fer et voiture jusqu'à Graudenz. Elles promirent ensuite à l'abbé de s'occuper de son élargissement qu'elles obtinrent plus tard de l'impératrice Augusta qui les aimait beaucoup.

A la sortie de Berlin, notre voyageur malgré lui marche toujours ; on passe la Vistule, et l'on arrive enfin à Graudenz où déjà se trouvaient renfermés 1,800 soldats français prisonniers.

Quand l'abbé Damien entra dans la cour de la citadelle, les pauvres prisonniers français, heureux de voir un de leurs prêtres, se pressaient autour de lui, lui donnaient des poignées de main chaleureuses, l'accablaient de questions..... Mais, hélas! il devait passer au milieu d'eux sans s'arrêter ! Ainsi le voulait la consigne donnée. Il fut aussitôt enfermé dans une casemate et les soldats ne le revirent pas.

L'abbé Damien resta couché sur la paille pendant trois semaines, et cette paille il la paya de ses deniers. Il avait un poêle, mais il achetait le bois chaque matin. On lui apportait une fois par jour des vivres qu'il payait également. Il en mangeait à 10 heures la moitié et le restant le soir. Il avait par jour pour boisson une bouteille de bière.

Accablé de fatigues, épuisé par les mauvais traitements, les privations de la route, une fièvre violente l'épuisait chaque jour.

Un de ses compagnons de Graudenz qui a partagé sa casemate pendant les huit derniers jours, disait : « Sans son courage, il n'aurait jamais revu la France! »

Mgr Caverot, évêque de Saint-Dié; Mgr Marchal, archevêque de Bourges, alors vicaire général de Saint-Dié, allèrent trouver et supplier le gouverneur de Nancy de rendre la liberté à l'abbé Damien. Pendant ce temps-là les sœurs travaillaient également de leur côté et intercédaient auprès de l'impératrice.

M. Damien ne resta que trois semaines à Graudenz. A peine mis en liberté, il alla remercier les sœurs de Berlin qui ne voulurent le laisser aller que lorsqu'elles le virent un peu rétabli.

L'abbé Damien rentra à Remiremont le premier dimanche de l'Avent. Ses paroissiens, auxquels se joignirent les étrangers à la religion catholique, lui firent un accueil des plus enthousiastes. Mais il retrouvait encore des Prussiens jusque dans sa maison, jusque dans son église dont ils s'étaient emparés pour faire un temple protestant!

Cet excellent prêtre était la modestie même. En 1871 il disait à l'un de ses proches, alors qu'il avait reçu l'annonce certaine d'une décoration (belle médaille d'argent de 1re classe) pour sa belle conduite pendant la guerre : « Enfin, qu'on me laisse donc en paix » (plusieurs titres honorifiques, qui lui avaient été offerts auparavant et qu'il avait refusés, motivaient ces paroles). C'est assez dire qu'il ne faisait pas grand cas de ces honneurs qu'il trouvait plus lourds que commodes.

On parla peu de ses actes durant sa vie. Cela lui aurait déplu. Ce n'est qu'à sa mort que quelques-uns des ses proches, de ses amis, osèrent parler de lui. Nous leur empruntons quelques-uns de leurs récits (1).

(1) Il nous semble qu'on pourrait mettre en parallèle le curé de Fourmies et le curé de Remiremont.

Fourmies n'envie rien à Remiremont, et Remiremont n'envie rien à Fourmies. Ces deux villes ont leur héros, la première M. le curé Margerin, la seconde M. le curé Damien. Le courage et le sacrifice de l'un rappellent le courage et le sacrifice de l'autre. M. le curé de Fourmies s'expose à la mort pour sauver ses paroissiens, soigne les blessés et reçoit le dernier soupir des mourants. M. Damien subit en silence les amertumes de la trahison et les rigueurs de la captivité pour sauver l'honneur de sa paroisse. Qui ne connaît, à Remiremont, sa patriotique réponse à ceux qui le priaient d'implorer sa délivrance : « Je n'ai rien à demander aux ennemis de mon pays. » Elle est digne de la courageuse supplication de l'abbé Margerin : « C'est assez, c'est assez de victimes ! »

Fourmies n'oubliera jamais que cette noble parole de son curé mit fin au massacre.

Honneur à ces âmes sacerdotales et françaises !

Combien d'hommes, qui portent avec orgueil la croix d'hon-

» En 1870, raconte l'un d'eux, M. l'abbé Damien était curé de Remiremont.

» Les circonstances étaient graves et l'abbé Damien sut être à la hauteur des devoirs de cette malheureuse époque. On ne voulait pas livrer les armes à l'ennemi, et, à son approche, elles furent cachées sous les combles de l'église. Il se trouva un traître pour dénoncer le secret, et on vit une horde de sauvages envahir le presbytère, saisir brutalement le vénérable curé, et, au cœur de l'hiver, par un horrible temps de bourrasque et de tempête, le traîner à la gare, sans même lui permettre de prendre son manteau ou de mettre ses chaussures. Ah! quelle journée! Je n'oublierai jamais, dit M. l'abbé *Ch. Pierfitte* (1), cette tristesse lugubre d'un peuple suivant son pasteur, qui marchait comme son divin maître entre deux soldats, j'allais dire deux bourreaux... »

A Nancy il fut rejoint par quelques notabilités de Remiremont qui vinrent pour quelques jours grossir le

neur, n'ont pas le mérite de ces prêtres modestes, de ces héros de charité et de patriotisme qui n'ont qu'une chose à cœur : s'immoler pour Dieu et pour la France.

(1) Actuellement curé de Portieux (Vosges). — Article nécrologique dans le *Vosgien.*

nombre des otages (1). Mais bientôt ils étaient élargis, et l'abbé Damien jeté dans un wagon découvert, wagon à bœufs, pour être expédié au fond de la Poméranie.

Pourquoi cette haine des ennemis de son pays? Cette glorieuse distinction qui fait les martyrs? L'abbé Damien le savait, mais il n'en a pas parlé. Un jour cependant qu'on lui répétait la vénération et le dévouement du peuple de Remiremont pour son curé, il murmura : « Ah! s'ils savaient ce que je sais, s'ils savaient ce que les Prussiens m'ont mis sous les yeux. Si je leur livrais certains noms... »

Mais il n'acheva point ; il était si discret !

Il faudrait refaire, jour par jour, ce long voyage de Nancy à Graudenz et montrer le vénérable vieillard dans un wagon à bœufs, insulté, maltraité (on ne le frappait sans doute que du plat de sabre, mais la cicatrice qu'il porte à la nuque prouve que le plat de sabre fait parfois des blesures graves), demeurant jusqu'à 36 heures sans recevoir de nourriture, voyageant nuit et jour (2).

(1) Ceux qui ont été témoins de sa captivité en ont conservé le plus profond sentiment d'admiration et de respect.

(2) La santé de M. Damien en fut pour toute sa vie profondément altérée.

Mais il était si discret sur tout ce qui le concerne, que nous n'en savons presque rien. Il avouait pourtant que tout cela n'était presque rien près des deuils patriotiques dont on abreuvait son cœur de Français. Ses bourreaux avaient mesuré d'un coup d'œil le tendre dévouement de cet homme pour sa patrie malheureuse, et ils se plaisaient à faire passer sous ses yeux les masses de troupes marchant à la frontière, et retentir à ses oreilles les tristes nouvelles qui se succédaient fatalement.

Quand le pauvre prisonnier arriva à la forteresse de Graudenz, il était brisé pour toujours. On le jeta dans un noir cachot, où il souffrit de longs mois. Le froid, la faim, et surtout la vermine achevèrent l'œuvre et le menèrent au tombeau (1).

« Cependant de hautes influences s'exercèrent en faveur du prisonnier », dit M. Mazurier, maire de Remiremont, sur la tombe de M. Damien. La supérieure des sœurs de Berlin avait fait intervenir la reine de Prusse-elle-même.

(1) « Un des compagnons de sa captivité lui rappelait un soir que « huit jours de plus et c'était un cadavre qu'on ramenait en France ! » D'un regard suppliant, M. Damien l'empêcha de continuer. » Extrait d'un article nécrologique du *Tirailleur* des Vosges.

Et on vit une horde de sauvages saisir brutalement le vénérable abbé,
le traîner à la gare... (Page 166.)

« — Qu'il demande au roi sa liberté et il l'aura.

« — Non, répondit-il, *je ne demanderai rien aux ennemis de mon pays* (1).

« Il ne demanda rien, et il resta en captivité.

« M. le curé Damien s'était montré un grand citoyen. » (Discours de M. le maire de Remiremont.)

Le dimanche qui suivit son retour de captivité, l'abbé Damien monta en chaire et prononça l'allocution suivante qui toucha vivement les Remiremontais :

« Si je monte en chaire aujourd'hui, ce n'est pas que j'aie l'intention de vous faire une instruction proprement dite : la rigueur du froid et une indisposition dont je souffre depuis plusieurs semaines et qui n'a pas encore complètement disparu, ne me le permettraient pas. Je veux seulement vous dire combien j'ai été touché et ému de la part que vous avez prise à mes ennuis et à mes tristesses, et combien je vous suis reconnaissant de la joie que vous avez fait éclater à mon retour. Je sais que vous m'avez vu partir avec peine, et que, pendant tout le temps que j'ai été

(1) M. Damien est mort sans même laisser de quoi payer ses funérailles. Sa générosité était sans bornes. La population reconnaissante a élevé sur sa tombe un monument sur lequel sont gravées en lettres d'or ces paroles fières et patriotiques : « Non, je ne demanderai rien aux ennemis de mon pays. »

éloigné de vous, vous avez pensé à moi et prié pour moi ; je sais à combien d'inquiétudes vous avez été en butte à mon sujet, et combien de fois, avec la plus touchante sollicitude, vous avez demandé de mes nouvelles ; je sais enfin que la nouvelle de mon prochain retour a été pour vous la cause, je me fais un devoir et un plaisir de le déclarer ici, d'une grande joie : j'en ai reçu, à mon arrivée, les preuves les plus frappantes et les moins équivoques. Je vous en remercie. Oh! oui, merci! cet accueil si cordial et si sympathique a resserré encore les liens qui m'unissaient à vous, et m'a fait oublier bien vite les tristesses et les amertumes de l'exil. — Mais, M. F., permettez-moi de vous dire que, si mon départ vous a causé de la douleur, et mon retour de la joie, j'ai largement partagé avec vous la douleur et la joie. Je vous disais le jour de mon installation (il y avait 6 mois seulement) : Le Prêtre a, comme vous, un cœur ; ce cœur, il le donne à sa paroisse, et quand il est obligé de la quitter, il éprouve les angoisses d'un père obligé de se séparer pour toujours de ses enfants..... Voilà bien ce que j'ai éprouvé. Aussi je regarde désormais comme l'un des plus beaux jours de ma vie celui où l'on est venu m'annoncer que j'allais être mis en liberté, retourner dans ma chère paroisse. J'étais absent de corps, de corps éloigné de vous ; mais mon esprit et mon cœur étaient au milieu de vous, au milieu de ma paroisse.

» Et maintenant que vous dirai-je encore ? Ah! ma joie n'est pas complète! La France, notre chère et bien-aimée patrie, n'est point encore délivrée du fléau de la guerre! Plusieurs de ses provinces sont encore au pouvoir de l'étranger! Il n'est pas encore temps de se réjouir : comme Français, nous devons gémir sur les souffrances de la patrie ; comme chrétiens, comme catholiques, nous devons gémir également, car l'Église, la société des enfants de Dieu, est persécutée dans la personne de son chef ; le Souverain Pontife, qui tient sur la terre la place de J.-C., est prisonnier, et n'a plus la liberté qui lui est nécessaire pour gouverner le troupeau. Il nous reste deux causes de tristesse et d'affliction. Mais courage ! nous verrons le triomphe de la patrie et le triomphe de l'Église!... »

*
* *

Et c'est pendant l'armistice que l'*abbé Miray*, le curé de Cuchery près de Reims, fut fusillé le dimanche 12 février 1871, à 6 heures du matin.

Dans un grenier du presbytère on avait trouvé cachés des fusils, de vieux fusils de gardes nationaux.

C'était un crime cela.

Le samedi soir, le jeune curé passa devant un conseil de guerre et fut condamné.

Le lendemain matin, vers 5 heures et demie, les habitants de Reims pouvaient entendre résonner sur le pavé le bruit cadencé des bottes de 22 soldats prussiens conduits par un caporal. Mettant prudemment le nez à la fenêtre, ils voient marcher au milieu de ces rustres, les mains liées derrière le dos, un vénérable abbé, le visage pâle, la soutane déchirée. C'était le curé de Cuchery que l'on menait à la mort.

Là-bas, près de la porte de Reims, un jour un voyageur se découvrait pieusement devant une humble tombe où étaient tracées ces lignes : « *Ici repose l'abbé de Miray, mort victime de son patriotisme.* » Et le voyageur pensait qu'il y avait en France quelques Français osant parler d'alliance avec ces protestants prussiens qui avaient commis de tels crimes.

Voici l'acte de condamnation de ce brave curé :

« Dans la nuit du 6 au 7 février courant, on a tiré des montagnes environnantes, à plusieurs reprises, des coups de fusil contre des troupes de réquisition entrées à Belval. *Charles Miray*, curé de Cuchery, âgé de quarante-deux ans, à la paroisse duquel appartient Belval, et qui avait caché et distribué aux habitants des armes, a été arrêté comme instigateur de ces actes hostiles, et, en vertu d'un arrêt du conseil de guerre, fusillé aujourd'hui matin à Reims pour *crime de trahison envers les troupes allemandes.*

» Signé : *Le gouverneur général,*

» DE ROSEMBERG.

» *Lieutenant général,*

» GRUSEY OGUSTIN. »

Reims, 12 février 1871.

* *
*

L'*abbé Cor*, curé de Neuville (Ardennes), ayant appris l'arrivée prochaine des Prussiens, s'était entendu avec les francs-tireurs pour les avertir au moyen d'un signal. Il fait sonner le tocsin à l'approche de l'ennemi. Saisi par les Prussiens que sa soutane a le don de mettre en fureur, il est attaché à la queue d'un cheval et, après avoir été traîné dans les ronces et les épines, il est abandonné à demi-mort dans un fossé.

Un de ses paroissiens qui le retrouve, le relève, le console et s'apitoye sur son sort : « Oh ! ce n'est rien, c'est une vieille soutane ! » s'écrie le bon curé en jetant un regard sur ses habits en morceaux.

*
* *

Le vendredi 19 juillet 1889, succombait après de longues souffrances M. l'abbé *Marie-Augustin Kutt*, curé doyen de Saint-Sauniers (1), ancien aumônier du couvent de la Providence à Rochefort, ancien aumônier militaire pendant la guerre.

Aux obsèques solennelles de l'abbé Kutt, son ancien élève, M. l'abbé Gallois, aumônier du lycée de Périgueux, prononça un admirable discours (2) dans lequel il parla du dévouement de l'abbé Kutt comme aumônier militaire :

. . . .

« Le nouvel aumônier de la Providence, s'écriait-il, était tout entier à son œuvre quand éclata, comme la foudre, l'épouvantable orage de 1870 ! Hélas ! mes frères, faut-il rappeler ici les souvenirs marqués du sang de nos frères et de nos enfants ? Lorsque l'abbé Kutt connut les malheurs de sa chère Alsace, lorsqu'il apprit que l'aigle noire de Prusse l'étouffait dans ses serres, il n'y tint plus. Les grands cœurs souffrent plus que les autres car ils ont une sensibilité plus

______

(1) Charente-Inférieure.

(2) Ce discours a été reproduit dans le supplément du *Moniteur de la Saintonge* du 28 juillet 1889.

Monseigneur Perraud, Évêque d'Autun.
(De l'Académie française.)

vive. Il n'attend que la décision de son évêque. Elle arrive, il part, en compagnie de M. l'abbé Cortet qui maintenant occupe avec gloire le siège épiscopal de Troyes. Vous le constatez, mes frères, quand l'ennemi s'avance à la frontière, quand les bataillons hostiles menacent notre vieux sol et surtout notre antique honneur, le prêtre se lève et, la croix à la main, à l'ombre du drapeau, il court, il s'élance comme un lion ! Avide de se dévouer au salut de la France et des âmes, il n'a pas besoin de loi pour stimuler son patriotisme et pour l'obliger à voler à la défense de son territoire envahi par des nations étrangères, dont la jalousie n'a d'égale que la crainte de perdre ce qui ne leur appartient pas. Oui, ce prêtre sait que la défense de la patrie est le plus sacré des devoirs, et quand il brise tous les obstacles pour franchir les champs de bataille, il a un étrange avantage sur tous les combattants. Au fort de la mêlée, pendant que les soldats cherchent à rendre autant de balles, de boulets de canon qu'ils peuvent en recevoir, en tuant et mettant hors de combat le plus grand nombre possible d'ennemis, le prêtre, lui, regardez-le donc ! il reçoit tous les coups de fer et de feu, mais il ne les rend jamais ! ! Le voyez-vous tomber, mourir sous la

mitraille en essayant de rendre la vie au corps et à
l'âme des combattants ! Quel noble et divin contraste !
Aussi aux heures lugubres et sanglantes de nos
désastres, les plus illustres évêques comme Mgr Perraud, l'éminent évêque d'Autun, sont allés droit à
leur séminaire et se sont écriés : Enfants, les ennemis
sont à la frontière, levez-vous, partez, chassez-les !
Soudain les portes de ces pieuses solitudes se sont
ouvertes, et de nombreux séminaristes, le cœur débor-
dant du plus vrai, du plus pur, du plus saint patriotisme, ont pris les armes. Ils ont prouvé comment ils
savaient les tenir ! L'histoire de Patay dira toujours
comment ce bataillon de douze cents hommes, formés
en partie de séminaristes, a su glorieusement mourir.
Nous connaissons, dans l'Université, de nobles mutilés, devenus de savants professeurs, qui n'ont qu'une
jambe. Nous leur avons demandé où ils avaient perdu
l'autre ; ils ont répondu : à Patay !... L'abbé Kutt était
là, témoin de cet héroïque dévouement. Ce qu'il a été
pour les soldats pendant cette fatale campagne, il faut
l'entendre dire par ceux qui l'ont vu à l'œuvre. A
l'instant même, nous venons de converser avec un
brave, qui lui avait servi d'ordonnance sur les champs
de bataille. Si vous aviez entendu, mes frères, avec

quelle éloquence il s'exprimait en racontant les actes de courage, de bravoure, de charité du prêtre que nous regrettons, vous auriez été émus jusqu'aux larmes. J'ai perdu mon père, ajoutait-il, je n'ai pas éprouvé autant de douleur que pour la mort de M. l'abbé Kutt! Et hier soir, quand ce brave cœur est arrivé, quand il a vu le cercueil fermé, il voulait le faire ouvrir pour saluer une dernière fois son sauveur, ainsi qu'il l'appelait. Dans l'impossibilité de serrer cette main qui avait versé tant de bienfaits, il embrassa le cercueil en l'arrosant de ses larmes.

Quel spectacle, mes frères, qu'un champ de bataille où de tous les côtés l'on n'entend que les râles des agonisants, les cris déchirants des victimes!... Venez à mon secours, dit l'un, je suis un fils unique. De grâce, venez à mon aide, ne m'oubliez pas, gémit un autre, qui donne son nom... Au milieu des ténèbres, une lumière à la main, voyez-vous l'abbé Kutt cherchant ceux qui respirent encore pour essayer de les ranimer, tandis que, de l'autre main, il s'empresse d'absoudre celui qui rend le dernier soupir.

Sa générosité était sans bornes, il ne gardait rien pour son service. Il ne pensait qu'aux soldats qu'il appelait ses enfants. Tiens, disait-il à l'un, te voilà !

je t'ai fait faire ta première communion, je te reconnais, as-tu de l'argent ? Allons, prends ces dix francs pour attendre. Eh bien ! disait-il à un autre, que vous manque-t-il ? et en même temps une nouvelle pièce de monnaie tombait de sa main dans celle du pauvre soldat. Qu'on se demande, à cette occasion, à quoi servent les aumôniers militaires, surtout quand on les choisit de la trempe et du caractère de l'abbé Kutt ?

A Reuilly-sur-Loir où il fut prisonnier des Prussiens pendant neuf jours, il les étonna par sa bonté. Comme tout le village était sur le point d'être livré au pillage, l'aumônier obtint une audience du prince Frédéric-Charles. Il s'exprima en allemand avec une telle éloquence que le prince écouta sa prière et le village fut épargné. Nous ne pouvons pas même résumer, en courant, tous les bienfaits du brave abbé Kutt pendant cette période douloureuse de nos épreuves. Il cherchait des gîtes pour les soldats ; pour lui, il couchait dehors et se relevait le matin avec une épaisse couche de neige pour manteau...

Il était sous les murs du Mans, prodiguant autour de lui ses consolations, lorsqu'il reçut une lettre de son évêque. Mgr Thomas le mandait à La Rochelle pour lui communiquer une douloureuse nouvelle.

A son arrivée, le prélat lui tendit les bras en lui disant : Mon pauvre enfant, vous n'avez plus de mère ! Elle n'avait pas pu survivre aux douleurs causées par l'envahissement de l'Alsace ! et malgré les soins de ses deux filles, si dévouées, elle était morte sans avoir eu la consolation, pourtant si légitime, de bénir et d'embrasser une dernière fois son enfant bien-aimé... Vous devinez, mes frères, la cruelle blessure que dut recevoir le cœur de l'abbé Kutt en apprenant ce nouveau malheur. Ses yeux se remplirent de larmes, il s'inclina sous la main bénissante du Pontife qui pleurait avec lui, et répéta sa devise : Mon Dieu, que votre volonté soit faite !

Lorsque l'occasion se présentait de signaler la bravoure d'un soldat, l'aumônier n'y manquait jamais ; c'est ainsi que quelques-uns lui sont redevables de la médaille militaire et de la croix de la Légion d'honneur. Il faut le dire à la louange des pouvoirs publics.

Mais vous, ô cher maître ! quelle a été votre récompense ? Quelle croix a brillé sur votre noble et généreux cœur ? Mes frères, l'abbé Kutt était de cette race vigoureuse d'hommes choisis qui veulent que ce soient les honneurs qui aillent au devant du mérite, et qui se reprocheraient de faire un pas pour les rencontrer. Le vrai mérite se cache, et les honneurs ne viennent point le chercher. Pour les obtenir, il faut avoir la faiblesse de les demander ; l'abbé Kutt, après avoir tout obtenu pour les autres, eut la vertu de ne rien demander pour lui, aussi n'a-t-il rien reçu : mais je me trompe, ô mon cher maître ; lorsque vous passiez des nuits dans la boue et la neige, pour secourir nos pauvres soldats, vous avez eu votre souvenir, vous avez conquis votre croix, c'est-à-dire le germe de la maladie cruelle qui devait, avant l'heure, vous ravir à notre affection. Cette croix, vous l'avez portée en pleine poitrine depuis vingt années bientôt. Or, mourir d'une blessure reçue sur un champ de bataille, mourir victime de son amour pour Dieu et pour sa patrie, mourir victime du devoir après de cruelles souffrances, supportées vingt ans avec une angélique résignation, c'est pour le prêtre une croix plus brillante, plus précieuse que toutes les croix réunies de la Légion d'honneur. Celle-là, du moins, vaut quelque chose pour le ciel !...

Vers la fin de novembre 1870, les Prussiens arrivèrent aux environs de Lorcy, petite ville du Loiret. Les mobiles et les francs-tireurs se battirent contre

Il partit au milieu d'une grêle de balles, et traversa deux fois...
(Page 194.)

eux comme des lions ; mais accablés par le nombre, ils furent obligés de se retirer vers Ladon. Pour se venger, les Prussiens en arrivant à Lorcy mirent le feu à plusieurs fermes et pénétrant dans l'Église où s'étaient réfugiés les habitants, ils arrêtèrent comme otages le maire, M. Moreau, un vieillard marchant avec des béquilles, quatorze pères de famille et le curé, le vénérable *abbé Gareau* ; quand les otages furent au nombre de quarante, on se décida à les emmener.

Il faut voir les souffrances endurées par tous dans le récit si émouvant de M. l'abbé Gareau :

« On nous fit arrêter au premier poste prussien établi à Lorcy même dans la maison d'un des pauvres captifs, écrit-il. La femme était de retour chez elle avec ses trois petits enfants. En revoyant son mari, elle jeta des cris perçants, les enfants se précipitèrent dans les bras du père, mais les Prussiens rétablirent l'ordre à coups de crosse.

Après un quart d'heure de halte, on donna le signal du départ pour Beaune-la-Rolande, par Juranville. Tous les prisonniers formaient un même cortège et les quelques soldats français tombés aux mains de l'ennemi marchaient ensemble, les otages en avant.

Nous suivions notre route, au milieu des Allemands

devenus de plus en plus menaçants. Ne pouvant se
faire comprendre, ils nous montraient leurs baïonnettes, et ceux qui parmi nous ne marchaient pas
assez vite recevaient des coups de crosse. J'avais été
surpris les pieds chaussés de sabots, et l'on me faisait
ainsi marcher, ce qui m'était fort pénible. Peu à peu et
surtout vers le soir, nous allâmes d'un pas moins rapide, car nous traînions dans nos rangs un vieillard
de soixante-dix-huit ans, le sieur Daire, qui depuis
longtemps ne se soutenait qu'avec des béquilles. Le
pauvre homme fit des efforts inouïs pour arriver jusqu'au pavé de Juranville. Là, le cortège s'arrêta pour
être passé en revue. Les insultes de la soldatesque
devinrent intolérables. On nous annonça que nous
serions pendus comme francs-tireurs. Je reçus un
coup de pied d'un valet; c'était la seconde fois que
j'étais frappé. Un officier supérieur me dit : « C'est
bien triste de voir un pasteur en compagnie de ces
francs-tireurs. » Un général ajouta : « Si vous n'avez
rien fait, comme vous l'affirmez, monsieur le curé, il
ne vous sera rien fait. » Je profitai de la présence de
ce général pour le prier de prendre en pitié le malheureux M. Daire. Le général le fit comparaître, l'exa-
mina, et, le faisant sortir du rang, l'envoya en prison.

Nous reprîmes, sous la garde de nouveaux soldats, notre route vers Beaune-la-Rolande ; nous espérions tous être promptement mis en liberté, et cependant la plupart devaient aller jusqu'à Dréde. Dans la boue jusqu'à mi-jambe, nous arrivâmes, vers neuf heures du soir, à Beaune-la-Rolande. La ville était remplie d'Allemands. Presque tous les habitants avaient fui, abandonnant leurs maisons, et n'ayant plus de ressources. Les soldats prussiens eux-mêmes manquaient souvent de pain.

Beaune offrait donc l'image de la désolation. Nous fûmes accueillis par des cris furieux et des menaces de mort. Au milieu d'un groupe de soldats prussiens, je fus interpellé par l'un d'eux, qui m'appela « mon camarade. » C'était la première expression de sympathie que j'eusse rencontrée depuis ma captivité. Je demandai donc, en langue latine, à cet homme s'il était comme moi prêtre catholique. Il détourna la tête sans paraître me comprendre, et j'en conclus qu'il pouvait bien être ministre protestant.

La nuit était sombre, froide et pluvieuse. On nous arrêta pendant une demi-heure environ à la porte du général qui était à table ; nous attendions sous la pluie la fin du dîner de Son Excellence et de l'état-major. Enfin un officier apporta l'ordre de nous enfermer dans la crypte, sous l'église de Beaune. Nous y fûmes conduits avec accompagnement d'injures et menacés d'être fusillés le lendemain matin.

Pour toute nourriture, on nous apporta un seau d'eau. Heureusement, au moment du départ, ma sœur avait donné un morceau de pain à chaque otage. Le lendemain, à la première heure du jour, la porte s'ouvrit, et l'on appela, en français, le maire de Lorcy et M. le curé. Nous fûmes conduits par quatre soldats armés dans un appartement de la mairie, converti en corps de garde et en prison. C'était peut-être une attention de nos vainqueurs, car nous trouvâmes là-haut, avec le luxe d'un lit de paille étendu par terre, un air plus respirable. De plus, nous nous trouvâmes en compagnie de plusieurs maires et adjoints des environs arrêtés comme otages : M. le maire de Mézières-sous-Bellegarde, celui de Montbarrois, celui de Juranville, etc.

Dans une chambre obscure près de celle que nous occupions, gisait sur la paille le digne sous-préfet de Montargis, M. Charbonnier, arrêté chez lui et amené à travers la ville, les mains liées derrière le dos, et aussi M. de Vaublan, notre otage de la même ville.

Dans cette prison nouvelle, M. le maire de Lorcy, le vénérable M. Moreau, rencontra son neveu M. Brunet, maire de Mézières. Ce fut un vrai bonheur, car il n'aurait pu supporter seul, sans un bras ami, les fatigues auxquelles il fut condamné.

A dix heures, la faim se faisait sentir. Les otages demandèrent du pain et de l'eau. Cette demande semblait oubliée, lorsque M. le curé de Beaune et le vicaire, grâce à leur brassard, purent arriver jusqu'à nous et nous apporter des vivres; quelques dames charitables vinrent aussi à notre secours.

La journée se passa sur la paille. Le maire de Lorcy, après un interrogatoire, fut reconduit dans la crypte avec les autres prisonniers.

A travers la croisée donnant sur la place, nous pouvions remarquer des marches continuelles d'hommes et de chevaux, de canons et de voitures de munitions. Une animation extraordinaire se manifestait sur tous les visages. Les Allemands semblaient pressentir l'approche de l'armée française.

Durant cette journée du dimanche, nous voyions d'heure en heure arriver parmi nous quelques soldats français faits prisonniers, puis, comme otages des maires, des adjoints, des vieillards, de prétendus francs-tireurs.

On les installait dans la crypte ou à la mairie.

Cette seconde nuit fut troublée par le bruit de troupes en marche, le roulement de l'artillerie, les cris confus de la troupe.

Ce ne furent ni les tambours ni les clairons qui sonnèrent le réveil du lendemain. Le canon français nous fit tressaillir. A ce bruit se joignirent bientôt les déchirements de la fusillade.

On se battait donc du côté de Lorcy, Mézières et Saint-Loup-des-Vignes.

Ce lundi, 28 novembre, serait-il un jour de victoire?

Les Prussiens étaient dans l'agitation la plus grande. Nos gardiens semblaient inquiets. Chose singulière, les Allemands ne nous insultaient plus, lorsque le bruit de la fusillade se rapprochait.

Chacun de nous entendait les battements de son cœur et nous faisions les vœux les plus ardents pour le succès de nos armes. Le combat dura environ deux heures. J'ai appris plus tard que nos soldats et les mobiles furent admirables d'élan et de vigueur, que depuis Ladan ils marchèrent constamment en avant, chargeant l'ennemi, balayant tout le pays, depuis Chapelan et Mignerette, Corbeilles et Larcy jusqu'à la gare de Beaune. Le même entrain existait du côté de Mézières et de Saint-Loup-des-Vignes.

Nos soldats montaient sans cesse vers nous, et les tambours qui battaient la charge nous faisaient tressaillir.

Les morts et les blessés ne manquèrent pas des deux côtés; l'église, le presbytère, l'école des enfants et la maison des sœurs de Larcy furent transformés en ambulance. Les habitants prodiguèrent leurs soins aux blessés allemands aussi bien qu'aux français.

Un peu après dix heures, une bombe arriva jusqu'à nous. Elle tomba sur la mairie même avec un fracas épouvantable : un nouveau projectile brisa la croisée de l'appartement qui nous servait de prison. Un cri d'épouvante se fit entendre. Nos gardiens très effrayés descendirent précipitamment en nous donnant l'ordre de les suivre.

Nous sortions à peine de notre prison, lorsqu'une troisième bombe tomba sur le bâtiment, brisant les fenêtres, renversant les meubles, et nous précipitant les uns sur les autres : je fus blessé à la main droite. Nos gardiens nous pressèrent de nous relever et nous arrivâmes en courant dans la crypte, déjà pleine de prisonniers. Nos gardiens semblaient encore plus effrayés que nous, mais aucune injure ne s'échappait de leurs lèvres, quoique leur regard menaçant nous fît encore trembler.

Dans la crypte, nous étions tous réunis, civils et militaires, otages et prisonniers. Sur le marchepied de l'autel principal une ambulance était établie. Les instruments de chirurgie établis autour des opérateurs étaient déjà sanglants. Les blessés, presque tous Allemands, arrivaient en grand nombre portés sur des civières. Les provisions de linge de pansement furent bientôt épuisées et l'officier qui commandait demanda un homme de bonne volonté pour aller chercher des compresses, des bandes et des médicaments à la maison des sœurs.

La mission était périlleuse, car il fallait traverser un terrain sillonné par les projectiles. M. Charbonnier, sous-préfet de Montargis, se présenta le premier pour remplir ce devoir. Il partit au milieu d'une grêle de balles, et traversa deux fois la ville pour rapporter dans la crypte une charge de linge.

Nous pensions que ce brave otage serait mis en liberté pour le généreux service qu'il venait de rendre aux blessés ennemis. Deux jours après, on l'envoyait en Allemagne.

Dès que la provision de linge fut arrivée, chacun de nous devint infirmier. Les draps, les serviettes étaient convertis en bandes et en charpie.

Nous étions au service des blessés prussiens, qui semblaient reconnaissants.

Le sous-préfet de Montargis, en rentrant dans la crypte, nous avait donné l'assurance qu'il avait vu les Français monter, la baïonnette en avant, et s'élancer dans quelques maisons de la ville.

C'étaient, en effet, le 3ᵉ zouaves et les mobiles du Haut-Rhin, qui, trouvant l'ennemi barricadé dans les habitations, faisaient le siège de chacune d'elles, enfonçaient les portes et entraient par les croisées.

L'agitation fébrile, l'inquiétude de nos gardiens confirmaient cette bonne nouvelle. Le médecin en chef, qui connaissait par les blessés tous les incidents de la bataille, savait que nos soldats étaient déjà dans Beaune. Il s'informait si le drapeau de Genève était bien visible sur le clocher de l'église. Déjà il nous annonçait notre délivrance, et la peur le troubla tellement qu'il donna sa carte au sous-préfet de Montargis, en sollicitant sa protection. « D'ailleurs, disait-il, je ne suis pas Prussien, mais Allemand. »

Vers quatre heures, le bruit de la bataille augmentait de plus en plus, et la terre tremblait jusque sous nos pas. La voûte de la crypte était ébranlée à chaque détonation d'un canon de campagne que nos ennemis avaient placé presque à l'entrée du clocher de Beaune. La fusillade était des plus vives : une vraie tempête d'artillerie, une pluie de fer et de plomb.

Rangés dans la crypte sur deux rangs, appuyés sur leurs fusils, les soldats qui nous gardaient mettaient tantôt leurs baïonnettes et tantôt les retiraient; ils jetaient leurs cartouches à terre, puis les ramassaient; ils prenaient envers nous des airs parfois suppliants, et bientôt après menaçants.

Ce fut dans ce moment d'un suprême péril que le noble otage de Montargis, M. de Vaublanc, se mit à genoux devant tout le monde, et, découvrant son front, me dit : « Monsieur le curé, nous sommes en grand danger; donnez-moi, je vous prie, l'absolution *in articulo mortis.* » A ces paroles, chacun des otages s'agenouilla. Je donnai cette absolution solennelle avec une profonde émotion.

A peine les prisonniers étaient-ils relevés, à peine

avais-je prononcé les dernières paroles du pardon que l'ordre arriva de faire évacuer la crypte et d'abandonner la ville. A cette nouvelle, nos gardes chargent leurs armes, remettent la baïonnette au canon et nous poussent violemment hors de la prison.

On ne laissa que les blessés, dont plusieurs se mouraient.

L'armée prussienne se repliait vers Beaumont, abandonnant la ville aux Français. Nous traversâmes les rues au pas de course, insultés par tous les Prussiens que nous rencontrions, frappés par nos gardes, au milieu du sifflement des balles, qui déchiraient nos vêtements.

Après avoir parcouru trois kilomètres dans la boue du champ de bataille, avec nos sabots ou les pieds nus ; après avoir rampé tout le temps dans les sillons, pour éviter les balles, nous arrivâmes jusqu'au commandant entouré de son état-major. On nous tint à quelques pas de cet officier supérieur, et le chef de notre escorte lui demanda ce qu'il fallait faire de nous. « *Ces hommes,* répondit le commandant, *ce sont des francs-tireurs déguisés ; il faut les fusiller.* »

Ces mots furent prononcés en français. En entendant cette condamnation, Langevin s'écria : « Nous sommes innocents! »

Chacun de nous répéta d'une voix plus ou moins ferme : « Nous sommes innocents! »

Emporté par une colère insensée, le commandant lança son cheval au milieu de nos rangs ; l'état-major suivit, et nous fûmes renversés à coups de sabre ou par le poitrail des chevaux, foulés aux pieds, meurtris... Ce fut un vrai massacre. Les soldats qui se trouvaient parmi nous criaient : « Nous appartenons à l'armée française; nous sommes soldats, désarmés. » Nous étions brisés de coups, tous blessés, tous ensanglantés.

Un seul ne se releva pas. C'était un otage, le fils de M. Picard, adjoint au maire de Larcy. Ce digne homme, père de trois petits enfants, restait à terre, évanoui, le visage couvert de sang. Il fut emporté par nous. Je me présentai des premiers, mais à peine pouvais-je me soutenir. Au reste, bien peu parmi nous eurent la force de porter le malheureux Picard. On se mettait trois ou quatre pour un si faible fardeau. J'avais un bras tellement blessé que j'éprouvais d'horribles souffrances.

La nuit arrivait. Les Français ne voulurent point

occuper Beaune dont ils étaient maîtres. Il nous semblait cependant que cette ville était l'objectif de la bataille de ce jour. Ils se retirèrent, dit-on, devant un renfort considérable arrivant aux Prussiens dans la direction de Pithiviers. Ils rentrèrent donc sous Bellegarde, abandonnant, hélas! un terrain conquis au prix de tant de sang!

Pour nous, pauvres prisonniers, nous étions, à la fin de cette rude journée, sous le coup des colères prussiennes, d'autant plus vives que nos ennemis considéraient cette bataille comme perdue pour eux.

Après avoir entendu prononcer contre nous la sentence de mort et avoir reçu des officiers de l'état-major cette cruelle flagellation, nous fûmes dirigés sur un autre point de retraite, vers le gros de l'armée prussienne. Nous retombions ainsi à chaque instant dans des groupes nouveaux de soldats irrités qui se précipitaient sur nous, nous crachaient au visage et nous frappaient à coups de crosse. Les soldats prisonniers de guerre protestèrent si bien qu'on les sépara des civils. Mis à part, nous eûmes quatre assauts à soutenir où les otages furent foulés aux pieds. Malgré tout ce qu'on nous dit de l'honneur de l'officier prussien, nous eûmes la douleur de voir que le signal de ces barbaries était donné par lui et que le premier coup partait de sa main.

Non contents de nous frapper, les soldats prussiens s'emparaient de nos montres et de notre argent : c'est ainsi que l'excellent M. de Vaublanc se vit enlever une somme de six cents francs par l'un des uhlans qui l'avaient assommé.

Après plusieurs haltes dans les champs couverts de débris, les Prussiens, prévenus que l'armée française ne voulait point occuper Beaune, se jetèrent de nouveau dans l'intérieur de la ville où ils avaient abandonné quatorze canons. On nous y ramena.

Tous les Prussiens rentrés dans Beaune poussèrent, en nous voyant, un hourrah formidable. Les insultes les plus grossières, les menaces les plus effrayantes furent dirigées contre nous, pauvres victimes de la guerre. La vue du sang qui couvrait nos visages ne fit que redoubler les cris des Allemands.

Il y eut un moment terrible pour les otages, lorsque la soldatesque voulut nous jeter vivants dans un immense incendie allumé chez M. Durand, adjoint au maire.

Un major prussien, portant le brassard de Genève, me mit le poing sur la gorge en m'appelant des noms

Dans ce moment je vis une femme, une vraie Française, donner un vigoureux soufflet à un grenadier prussien. (Page 208.)

les plus vils. Mes compagnons d'infortune m'adressaient des excuses en voyant un prêtre insulté de la sorte.

Enfin, au milieu des huées de cette multitude furieuse et après de nouveaux coups reçus sur nos blessures saignantes, nous fûmes enfermés dans l'église. A la demande de M. de Vaublanc, chacun s'agenouilla et je récitai une prière.

Pendant la nuit, de nombreux prisonniers de la bataille, zouaves, mobiles, soldats de toutes armes vinrent grossir nos rangs.

La faim se faisait sentir et les Allemands ne nous donnèrent même pas un peu d'eau pour laver nos blessures.

La porte de notre prison s'ouvrit de bonne heure et nous fûmes rassemblés sur la place, les militaires à part des civils et les prétendus francs-tireurs formant un troisième groupe. Un officier prussien, s'approchant des civils, demanda quels étaient les otages.

M. le sous-préfet de Montargis, M. de Vaublanc, M. Moreau, maire de Lorcy, et plusieurs autres fonctionnaires se présentèrent. J'aurais pu me joindre à eux dans l'espérance d'un sort meilleur, mais je ne voulus pas me séparer de mes paroissiens; d'ailleurs j'étais considéré comme le chef des francs-tireurs.

Les otages furent conduits dans cet appartement de la mairie d'où les bombes françaises nous avaient fait sortir la veille. Mais ces otages ne reçurent ni pain ni eau. Vers midi on les mit en route pour l'Allemagne. Quelques-uns recouvrirent leur liberté pendant la route, M. de Vaublanc à Troyes, MM. Moreau et Brunet près d'Orléans.

Avant le départ, un spectacle bien triste nous fut ménagé par les Prussiens.

Toutes les armes, les chassepots surtout, s'entassèrent devant les soldats prisonniers.

L'ennemi prit le triste plaisir de briser ces armes à coups de marteau, en insultant les prisonniers. Ceux-ci détournaient la vue, beaucoup protestaient avec colère, plusieurs avaient les yeux mouillés de larmes. Un zouave cria : « Rendez-moi mon fusil pour cinq minutes et venez douze Prussiens pour le reprendre ! »

Lorsque le dernier fusil fut brisé, on nous dirigea sur Pithiviers (1), quartier général de l'armée prussienne. M. le curé de Beaune et le vicaire, M. Cornet, me donnèrent une demi-tablette de chocolat trouvée difficilement dans la ville.

(1) Pithiviers (Loiret), 4,585 habitants.

Nous sortions de Beaune pour marcher sur le champ de bataille de la veille. Je ne saurais peindre le tableau qui me déchira le cœur ; à chaque pas, nous rencontrions des hommes et des chevaux morts, des débris de chariots, des sacs ouverts, des gibernes vides, des képis et des choses sans forme, sans nom, sanglantes, couvertes de boue. Là, un artilleur, un mobile ; plus loin, des zouaves, des soldats de la ligne, des chasseurs à pied. Tous ces enfants de la France étaient jeunes, et, l'avant-veille, pleins de vie. Déjà les maraudeurs avaient dépouillé les morts, et nous ne pouvions distinguer les officiers. Au milieu de tous ces corps, il n'y avait pas un seul soldat allemand. Tous avaient été relevés la veille à sept heures par les voitures d'ambulance. Après une heure de marche, nous étions à Barville (1) où nous nous trouvions au milieu de l'avant-garde du corps d'armée du prince Charles accouru au secours des combattants de Beaune.

Chacun de nous crut qu'il allait être fusillé, tant les menaces, les injures, les coups devinrent effroyables.

A Boynes (2), nous fûmes encore plus maltraités, s'il est possible.

(1) Barville (Loiret), 536 habitants, canton de Beaune-la-Rolande.

(2) Boynes (Loiret), 1,519 habitants, canton de Pithiviers.

» Ce sont là les soldats qu'on nous oppose, disaient les officiers en mordant leurs cigares, mais ce sont des c... (*sic*). »

Enfin nous arrivâmes à Pithiviers dans la soirée. Depuis longtemps cette ville était au pouvoir de l'ennemi. Les habitants qui avaient entendu les canons de Beaune et croyaient les Français vainqueurs accoururent en grand nombre pour voir les prisonniers. On lisait sur leurs visages le deuil de leur âme, beaucoup versaient des larmes. Tous vinrent à nous avec des provisions. Nos gardes s'opposaient à la distribution des vivres ; après quelques pourparlers, il fut permis aux soldats prussiens d'accepter du pain, mais les civils ne purent toucher à rien. Cependant, la faim se faisait cruellement sentir. On nous fit passer la nuit dans l'église qui était extrêmement froide. Mes compagnons de captivité furent dirigés vers la nef et je fus conduit dans le chœur, devant l'autel. L'officier qui m'y conduisit me dit que j'étais mis à part, afin de me condamner à garder le silence.

A peine étais-je installé, que je vis un prêtre venir dans le chœur que j'avais éclairé, en allumant un cierge. Ce prêtre portait sur la poitrine la croix d'aumônier militaire et se nommait l'abbé *Peyre*, des

Chartreux de Lyon, aumônier des mobiles de la Loire, et fait prisonnier à Beaune-la-Rolande, au moment où il donnait, sur le champ de bataille, ses soins religieux à de pauvres blessés. L'abbé Peyre me questionna sur la situation qui m'était faite, je répondis que j'étais pour cette nuit condamné au silence. Alors M. l'aumônier alla trouver les officiers français prisonniers, enfermés à la sacristie. Ces messieurs et parmi eux le capitaine Dugas, ancien zouave pontifical, M. le comte d'Adhémar, des chasseurs à cheval, poussèrent la bienveillance jusqu'à réclamer auprès de l'autorité prussienne contre de semblables procédés envers un prêtre français : ils demandèrent en particulier que je quittasse le gros des prisonniers pour prendre place parmi eux. Grâce à cette intervention, je me trouvai bientôt au milieu de mes libérateurs.

Des vivres nous furent apportés par les soins de M. de la Taille, curé de Pithiviers. Depuis deux jours, nous n'avions été soutenus que par quelques aumônes. Les bonnes sœurs de Saint-Vincent se chargèrent de la nourriture des civils. Le lendemain, nous allâmes coucher à Malesherbes (1). Les habitants nous comblèrent d'attentions. Les 700 prisonniers furent enfer-

(1) Malesherbes (Loiret), 1,790 hab., arrond. de Pithiviers.

més dans l'église, et l'on m'installa avec les officiers. C'est là que je reçus de M. l'abbé Cornet, vicaire de Malesherbes, le don d'un vêtement plus chaud ; c'est là que ce digne confrère voulut bien échanger ses souliers contre les sabots que j'avais traînés jusque-là. Je n'aurais pu, sans cette charité, continuer ma route, tant mes pieds étaient meurtris et sanglants.

Notre troisième étape après Beaune était Fontainebleau, où notre entrée souleva toute la population. Nous fûmes conduits à la caserne à quatre heures du soir, escortés par une foule sympathique qui apportait argent, vivres, vêtements, secours de toutes sortes.

Un comité de secours remit six cents francs pour les prisonniers ; je dus accepter soixante francs pour mes paroissiens.

Pendant un instant, nos gardes furent débordés par la foule ; dans ce moment, je vis une femme, une vraie Française, donner un vigoureux soufflet à un grenadier prussien, qui l'avait repoussée violemment lorsqu'elle distribuait du pain à nos soldats captifs.

De Fontainebleau à Corbeil-sur-Seine, la distance est bien grande, et ce fut pour nous une douloureuse journée. Melun nous reçut admirablement bien. L'abbé Peyre et moi étions placés en tête de la colonne pour que du premier coup d'œil on vît la soutane du prêtre catholique.

Ce spectacle toucha tellement le vénérable curé de Corbeil, qu'il se promit de nous sauver de la captivité. Le soir même le digne homme se rendit à Saint-Germain, auprès de Son Excellence le général de Golthe, pour lui faire part de la pénible impression qu'avait causée partout la vue de deux prêtres et d'une troupe de pauvres cultivateurs, confondus avec les prisonniers militaires. Il conjura le général de mettre un terme à ce scandale dans l'intérêt même de la Prusse; de renvoyer dans leurs foyers ces malheureux qui avaient tant souffert, et d'accorder aux deux prêtres captifs une liberté qu'ils n'avaient pas mérité de perdre.

Malgré sa puissance, le général de Golthe ne put tout accorder, mais il promit que les deux prêtres ne partiraient pas le lendemain pour l'Allemagne, qu'ils resteraient à Corbeil, après avoir pris l'engagement par écrit et sur leur honneur de ne pas s'éloigner sous peine de mort.

Ce ne fut pas sans douleur que le pasteur se vit éloigné de ses chers paroissiens. Cependant j'acceptai l'offre qui m'était faite, dans la pensée d'être plus utile à mes compagnons près des autorités allemandes que dans l'isolement d'une ville prussienne.

L'engagement ayant été signé, l'abbé Peyre et moi nous fûmes mis en liberté conditionnelle. L'une des premières familles de Corbeil nous recueillit. M. le président Habert et sa vénérable mère nous offrirent la plus généreuse hospitalité.

Le lendemain matin, avant le départ des prisonniers, je me rendis au milieu d'eux, pour les encourager et leur donner l'assurance qu'en restant à Corbeil, auprès de nos juges, je ne manquerais pas de plaider leur cause et de hâter leur délivrance, dans la mesure de mes forces.

Ils partirent sans moi, et je les vis s'éloigner en étouffant mes sanglots. Pauvres gens de la campagne, dont pas un seul n'avait tiré un coup de fusil, et qui souffraient le martyre ! Combien parmi eux devaient mourir sur la terre étrangère !

Après quelques jours passés chez l'excellent M. Habert, je fus prié par les religieuses de la Quarantaine de venir dans leur maison, convertie en ambulance, afin d'y remplir les devoirs de l'aumônier.

Je restai au milieu de ces bonnes sœurs jusqu'à la fin de la guerre.

*
* *

L'*abbé Frérot*, âgé de 37 ans, curé de Verrey (Côte-d'Or), avait eu le tort de s'interposer en faveur de deux paysans, que les Prussiens assommaient à coups de crosse.

Furieux, les Prussiens se jettent sur lui et le percent de deux coups de baïonnette. Un chirurgien le force à se sauver et veut le conduire chez lui. Ils rencontrent de nouveau en route les Prussiens qui tirent sur lui à coups de fusil et le blessent mortellement.

*
* *

A la bataille du Mans, le 11 janvier 1871, mourut l'*abbé Fougeray*, aumônier des zouaves pontificaux (il avait un frère dans les zouaves), qui avait remplacé le *R. P. Doussot* (1), aumônier fait prisonnier la veille.

Durant le combat, où les zouaves chargeaient les Prussiens à la baïonnette, on avait essayé de retenir le brave abbé en arrière du champ de bataille ; mais il ne voulut rien entendre quand il vit les braves zouaves tomber comme des mouches ; une balle le renversa à son tour pendant qu'il assistait le capitaine de Bellevue qui venait d'être frappé mortellement. Son corps

(1) Ce dominicain les accompagnait depuis le 9 octobre. Il était parti avec eux de la ville de Tours.

repose au cimetière de l'Église de Champigny, où tous les ans le 11 janvier, d'anciens zouaves pontificaux viennent pieusement déposer des couronnes sur sa dernière demeure.

Le R. P. *Aubonne*, des Dominicains, est mort de fatigue à l'ambulance de la rue de Jean-de-Beauvais, le 15 décembre 1870.

Le R. P. jésuite *Arnold* est mort à Laon.

Le R. P. *Charles de Damas*, le R. P. *de Renneville* furent grièvement blessés au siège de Belfort.

Le R. P. *de Rochemontair*, à la bataille du Mans, reçut un coup de sabre qui mit ses jours en danger.

L'abbé de la Trappe de Dombes, le R. P. *dom Augustin*, meurt victime de son dévouement en soignant les mobiles atteints de la petite variole noire.

Il s'appelait le *marquis d'Avrezac de la Pouze*, et descendait d'une vieille famille du Périgord.

L'ancien secrétaire général des conférences de Saint-Vincent-de-Paul, de Paris, M. *Blanchetière*, avait suivi l'armée comme infirmier volontaire ; fait prisonnier avec son ambulance, au mépris du droit des gens, dans les premières batailles, il fut, en compagnie de plusieurs prêtres, dirigé sur la Belgique.

Il s'enfuit et s'attacha de nouveau à l'armée de la Loire. Au combat de Beaugency, il était occupé à panser et à exhorter un blessé alors qu'il fut frappé mortellement par une balle prussienne.

Le frère *André*, convers de l'ordre des Capucins, avait à l'appel du gouvernement quitté son cloître, pour rentrer dans le bataillon de chasseurs à pied dont il faisait autrefois partie avant son entrée en religion.

A la fin de février 1871 il mourut à Toulouse. Son convoi fut une véritable marche triomphale : deux capucins en froc et en sandales et deux chasseurs à pied en grande tenue portaient son cercueil sur leurs épaules.

Le R. P. *Jules Arnold*, né à Lille le 14 mars 1834, entra dans la Compagnie de Jésus le 15 octobre 1858. Il se dévoua pendant plusieurs années à l'éducation de la jeunesse, dans l'école libre de l'Immaculée-Conception, à Vaugirard.

La guerre de 1870 le surprit à Laon, après le désastre de Sedan.

Pendant quelques jours, des troupes appartenant au corps d'armée du général Vinoy séjournèrent à Laon pour arrêter l'armée allemande qui se dirigeait rapidement sur Paris.

L'ordre de se replier sur Paris ayant été donné à ces troupes, les mobiles de l'Aisne seuls restèrent pour défendre la citadelle de Laon. Le R. P. Arnold obtint du général la permission de s'enfermer avec les mobiles dans la citadelle de Laon, qu'ils voulaient défendre et même faire sauter plutôt que de se rendre.

Les habitants, terrifiés par cette menace d'explosion sur la montagne à moitié ruinée par l'extraction de pierres, obtinrent du ministre l'ordre de capituler, qu'exécuta à son grand regret le brave général.

La capitulation signée, les Allemands devaient prendre possession de la citadelle le 9 septembre, à 10 heures du matin.

L'ascension de la montagne et le mauvais temps ayant retardé leur marche, ils n'arrivèrent que vers midi et demi.

Le R. P. Arnold voulut rester avec ses chers mobiles jusqu'à la reddition des armes, bien que son ministère ne parût plus devoir leur être nécessaire.

Les Français sortaient de la citadelle, lorsque se

produisit la terrible explosion d'une poudrière.

Un simple garde exécutait pour son propre compte ce que le général avait annoncé plusieurs fois.

Les mèches avaient été allumées de manière à faire sauter la poudrière deux heures après le départ des Français ; malheureusement, l'arrivée tardive des Prussiens avait forcé nos soldats à les attendre.

Une mort inattendue et terrible frappa également Français et Allemands, en très grand nombre.

Le corps inanimé du P. Arnold fut retrouvé près de celui de *de Romame*, fils d'un des magistrats les plus distingués de Laon.

Ce jeune homme, ancien élève du P. Arnold à Vaugirard, lui avait demandé de servir d'aumônier aux mobiles de la citadelle, dans l'attente d'un bombardement. Ils y trouvèrent une mort glorieuse au service de la patrie.

La ville de Laon, malgré la consternation générale, a acclamé le courageux aumônier militaire ramené à l'abbaye Saint-Vincent, sa demeure.

*
* *

Le curé de Cherwillier, près de Schlestadt, M. *François Fritoch*, fut victime de son dévouement.

Les Prussiens ayant occupé son village et les soldats français ayant essayé de le reprendre, le bon curé eut le tort de se croire encore aux premiers siècles du christianisme. Il voulut sauver ses paroissiens en s'interposant.

Les Prussiens l'accusèrent traîtreusement d'avoir exhorté les soldats badois à refuser de tirer sur les Français.

Arrêté, garrotté, il est conduit au général Dambing.

« Vous êtes un rusé compère, lui cria grossièrement ce buveur de bière, mais nous allons vous trouver une bonne tanière. »

Le pauvre prêtre, ligotté comme un criminel, fut entraîné à marches forcées au château de Rastadt transformé en Bastille, où on le mit au secret.

« Un vieillard, raconte le digne chanoine E. Guers (1), M. Bochelen, curé de Weckolsheim près Neuf-Brisach, avait été pris, le 3 septembre, entre deux feux. Tous ses paroissiens épouvantés ayant fui, il s'était réfugié chez le curé voisin de Logelheim.

Revenant le 24 à Weckolsheim, il y trouve un désert de pillage et de dévastation. Le 15, il rentre désolé, sans avoir rencontré une âme, chez son ami.

Le 16 au matin, il est arrêté par ordre du général

(1) *Les Soldats français dans les prisons de l'Allemagne.*

« Vous êtes un rusé compère, lui cria grossièrement ce buveur de
bière, mais... (Page 216.)

Schmeling, accusé d'être allé passer la nuit à Neuf-Brisach, pour tramer une sortie avec les assiégés.

En effet, ce jour-là, cette place investie avait fait une vigoureuse poussée dont les troupes allemandes souffrirent beaucoup. Garrotté à son tour, insulté odieusement, frappé par les sbires, il avait été déposé plus mort que vif à Rastadt. En le voyant passer, les paysans badois s'écriaient : « Ce curé français a tiré sur notre landwerh ! Il a tué vingt Allemands ! Il a fait sauter tout un régiment caserné dans son église ! Il a voulu assassiner le roi de Prusse et notre grand-duc. »

L'abbé Bochelen gisait malade sur un grabat, sans secours, sans vêtements d'hiver, sans bréviaire. Il pleurait à chaudes larmes. Je lui promis d'essayer une démarche en sa faveur à Carlsruhe.

***

Le vénérable *abbé Allard* fut aussi une des victimes de la guerre.

« A Buzenval, dit J. d'Arsac, l'*abbé Allard* a donné la mesure de son courage et de son ardeur héroïque : voyant un bataillon hésiter, il saisit un échalas et l'agitant vigoureusement : Allons, mes amis, s'écriait-il, *Vive la France! En avant!* Quelques instants plus tard, le vaillant prêtre recevait une balle dans le bras gauche (1). »

* *

Arrêtons-nous ! Cette liste de héros est déjà bien longue. Comme consolation, disons-nous qu'un pays qui rencontre parmi les serviteurs de Dieu de tels patriotes n'est pas un pays destiné à périr. La France peut traverser de tristes et mauvais jours, elle peut être pour quelque temps la proie d'une bande sans patrie et sans religion, mais il arrivera forcément un jour où elle reprendra la première place à la tête des nations catholiques du vieux monde.

Un jour viendra où elle se réalisera, la grande résurrection chantée par le poète :

> France, un jour sur le Rhin et sur les Apennins,
> Ayant sous le sourcil l'éclair de Prométhée,
> Tu te redresseras grande ressuscitée !
> Tu diras : Me voici, j'apaise et je délie !
> Tous les hommes sont l'homme ! un seul peuple, un seul Dieu !
> Ah ! par toute la terre, ô patrie, en tout lieu,
> Des mains se dresseront vers toi. Nulle couleuvre,
> Nulle hydre, nul démon, ne peut empêcher l'œuvre.
> Nous n'avons pas encore fini d'être Français.
> Le monde attend de suite et veut d'autres essais !
> Nous entendrons comme des ruptures de chaînes,
> Et nous verrons encore frissonner les grands chênes (2)!

(1) J'aurai l'occasion de reparler de l'abbé Allard et de son martyre dans un prochain livre : *Le Clergé sous la Commune.*

(2) *L'Année terrible*, Victor Hugo.

LES SŒURS DE CHARITÉ

« Notre courage, à nous, c'est d'aller, pauvres femmes,
Panser les corps, verser le baume sur les âmes;
De sourire aux mourants, jusqu'à parler d'espoir
A ceux que l'infirmier viendra couvrir le soir,
Et d'adoucir avec des paroles bénies
Le morne isolement des longues agonies! »

SOMMAIRE

Le zèle des Sœurs. — Les Congrégations de femmes qui ont servi les ambulances. — Sur le champ de bataille. — Les Sœurs de Sainte-Marthe à l'hôpital Saint-Antoine. — A la bataille de Forbach. — Une réponse de Mgr Dupanloup. — Les Sœurs de charité fusillées par les Prussiens. — A Reischoffen. — Le crime prussien d'Olley. — Pauvres vierges et tristes soudards. — A Sedan. — Les pestiférés. — Le récit du lieutenant de turcos. — A Châteaudun. — La Sœur Jeanne de Chantal. — La Sœur Louise Rossignol. — Sœur Saint-Henri. — Un récit. — Les Sœurs de Gravelotte. — Ce que vaut un Prussien. — Sœur Léocadie mise à l'ordre du jour. — Sœur Sainte-Claire. — La bombe et la Sœur Marie. — La Sœur Bathilde décorée de la Légion d'honneur. — Les Sœurs de charité en Prusse.

E zèle des Sœurs a ses plus profondes racines aux plus pures facultés de l'âme.

Partout où il y a du bien à faire, une misère à soulager, une souffrance à endormir, on voit quelqu'une de ces femmes revêtue de l'habit de bure. Pendant la paix et pendant la guerre, leur zèle est au-dessus de tout éloge. Pendant les épidémies, elles sont les premières à courir au danger. A l'époque des luttes sanglantes qui déciment nos malheureux soldats, on les voit se prodiguant dans les ambulances.

Pendant la guerre, on les trouvait partout, ces saintes femmes de France, ces Sœurs de Sainte-Marthe, ces Dames Augustines, ces Sœurs de Bon-Secours, ces Petites Sœurs des Pauvres, ces Sœurs de quinze autres Congrégations.

Partout où il y avait des hôpitaux, on était sûr de les rencontrer prodiguant leurs soins à nos malheureux soldats.

C'est en 1871, qu'inspiré par la vue de leur dévouement, un poète, M. Édouard Leclerc, écrivait ces vers touchants :

Ces anges, mes amis, sont filles de nos mères,
Et comme nous jadis ont connu le foyer ;
Pour le quitter, hélas ! que de luttes amères !
Que de fois le roseau dut se tordre et ployer !
Mais Dieu, les inondant du flot de sa tendresse,
Leur dit, montrant au loin la pâle humanité :
« Dans ce séjour de deuil, d'angoisse et de tristesse,
» Soyez toutes à tous, ô Sœurs de charité ! »
Venez, vous qui souffrez, venez, la jeune fille
A l'âme d'une mère et saura vous guérir ;
Vous qui versez des pleurs, loin de votre famille,

Venez, la Sœur est là qui saura les tarir :
Au chevet du mourant n'est-ce pas l'espérance,
Pour tout être qui souffre un être affectueux,
Près du soldat blessé la sainte Providence,
Avec une voix douce et mille soins pieux?

La peste, noir fléau qui désole la terre,
Vainement contre nous dirige sa fureur;
Leur bouclier puissant l'arrête... la prière,
Et puis la charité leur retrempe le cœur.
Vierge, la femme est forte au sein de la bataille.
Les voyez-vous au loin, l'œil fixé vers les cieux,
Pour arracher sa proie à l'horrible mitraille,
S'élancer dans les rangs des plus audacieux?

Ce n'est point quand le temps, de sa main froide et lente,
Creuse la ride au front, fige le sang au cœur,
Mais, lorsque dans leur sein tressaille une âme ardente,
Qu'elles offrent à Dieu leur vie et leur bonheur.
Fraîches comme les fleurs, douces comme un beau rêve,
Ces vestales du Christ, anges consolateurs,
Ont cet amour vaillant dont la force relève
Et fait de la vertu savourer les douceurs.

L'une dans le riant berceau de la richesse,
Dormit ses premiers ans, chauds de mille baisers.
Bel avenir, ma foi! pour la jeune comtesse,
Disait-on, vaste champ à ses roses pensers!
Cette autre, ange aux doux yeux où se mirait son âme,
Rêvait d'un amour pur l'idéal enchanteur;
Mais, frêle était le vase et divine la flamme;
Dieu se fit son époux, car du monde elle eut peur.

A d'autres les plaisirs et les biens de la terre,
A d'autres les splendeurs qui ne brillent qu'un jour,
A d'autres les hochets qu'on brise comme verre
Et l'éclat fugitif de ce qu'on nomme amour.
Pour elles, loin du bruit, faisant une prière,
Dans un labeur obscur elles vont s'éteignant,
Souriant à la mort qui ferme leur paupière,
Ayant Dieu pour espoir, pour ami l'indigent.

Voici d'ailleurs la liste des Congrégations de femmes qui ont établi et servi des ambulances :

Les Sœurs de la Charité de Saint-Vincent-de-Paul ;

Les Petites Sœurs des Pauvres ;

Les Dames Ursulines ;

Les Sœurs de la Doctrine chrétienne ;

L'Association de Sainte-Anne ;

Les Carmélites ;

Les Dames de Sainte-Élisabeth ;

Les Dames Bénédictines ;

Les Dames de l'Adoration perpétuelle ;

Les Dames Augustines ;

Les Sœurs de Saint-Thomas de Villeneuve ;

Les Sœurs de Bon-Secours (1) ;

Les Dames Auxiliatrices ;

Les Dames du Sacré-Cœur ;

Les Dames de la Visitation ;

Les Religieuses du Saint-Sacrement ;

Les Dames de l'Abbaye-au-Bois ;

Les Sœurs de Saint-Joseph ;

Les Dames de la Congrégation de Notre-Dame ;

Les Dames de Sainte-Clotilde ;

(1) Ces dernières avaient fourni, à elles seules, 105 infirmières.

Les Sœurs du Sacré-Cœur de Constance;

Les Dames du Sacré-Cœur de Marie;

Les Sœurs de Saint-Charles.

* *

A Paris, à l'ambulance du Ministère de la Marine, ce sont les Sœurs de la Sagesse qui soignent les marins.

Les Sœurs de Notre-Dame de Bon-Secours de Troyes sont infirmières à la grande ambulance du palais du Luxembourg (1), sous la direction de la vicomtesse de Montfort.

Les Sœurs de l'Assomption desservent l'ambulance du couvent de l'Assomption, à Auteuil.

Les Sœurs de Saint-Joseph, rue de Monceau, créent une ambulance de 16 lits.

Les sœurs de Saint-Vincent-de-Paul sont attachées aux hospices La Rochefoucauld, des Petits-Ménages, des Incurables, Sainte-Eugénie, des Enfants-Malades, Necker, Cochin, à l'Ambulance du chemin de fer de l'Ouest. Les sœurs de Sainte-Marthe aux hospices de la Pitié et de Saint-Antoine.

Les Dames Augustines à l'Hôtel-Dieu, à Lariboisière, à Saint-Louis, à Beaujon, à la Charité.

(1) L'aumônier de cette ambulance était l'abbé Rieux.

Mais on ne les trouvait pas seulement dans les hôpitaux, on les rencontrait aussi ailleurs.

Elles se conduisirent en France comme elles s'étaient conduites au siège de Sébastopol :

« Pendant le siège de Sébastopol, lorsqu'aux horreurs de la guerre se joignirent le typhus et le choléra, l'on vit arriver en Crimée un groupe de dames anglaises désireuses de soigner les malades de leur nation. — Elles montrèrent un grand zèle au début, mais trois mois après, elles étaient toutes reparties.

» Pas une de nos sœurs de Saint-Vincent ne quitta sa place de bataille ; plusieurs y sont enterrées à côté des soldats qu'elles disputaient à la mort.

» Capitaine BLANC. »

Le soir après la bataille, quand

> Par de là les coteaux penchants,
> Où trône la mort, blanc squelette,
> La nuit a versé sur les champs
> Une ombre pâle et violette...

alors que les corbeaux descendent dans la plaine, semant de taches noires le vert et le rouge sanglant qui tapissent ces champs, on aperçoit les cornettes blanches des sœurs qui viennent panser des blessés, donner une dernière consolation aux mourants.

Laissons la parole à M. de Lyden, qui raconte ainsi une visite qu'il fit à l'hôpital Saint-Antoine, tenu par les sœurs de Sainte-Marthe :

« C'était le 4 décembre 1870, après le combat de Champigny ; nous visitions l'hôpital Saint-Antoine à Paris, interrogeant lit par lit les blessés qui, depuis huit jours, y étaient apportés.

» Une circonstance douloureuse, poignante, nous avait conduits dans cet asile de la douleur, dont les portes s'étaient ouvertes pour nous, grâce à l'intervention obligeante d'un fonctionnaire de l'Assistance publique. Nous accompagnions des dames qui venaient réclamer, pour leur prodiguer leurs soins chez elles, un de leurs parents, blessé à Champigny le 30 novembre, et qui, Dieu merci, a échappé à la mort.

» Au bout d'une heure et demie de recherches, le blessé fut découvert.

» Une sœur de Sainte-Marthe le soutenait maternellement dans ses bras, pendant qu'une autre rajustait le bandeau qui entourait la tête fendue par un coup de sabre.

» — Nous allons vous emmener, lui disent ses parentes, après avoir chaleureusement remercié les saintes infirmières.

— » Merci, cousine, répondit le blessé, mais *si vous saviez comme on est soigné ici, par ces braves sœurs,* vous ne me plaindriez pas.

» — Oui, reprit l'une des sœurs, emmenez-le, mesdames, c'est un bavard qu'on ne peut empêcher de parler. — Et puis, ajoute-t-elle, en montrant un brancard porté par deux hommes, et sur lequel était étendu un garde mobile, nous manquons de lits ». .

. . . .

» Nous étions arrivés devant un lit sur lequel se tenait, à demi levé, un garçon de vingt ans ; c'était un Saxon. Son visage était pâle, mais sous cette pâleur on devinait un sang jeune et prêt à bouillonner encore. Son front large était encadré par des cheveux blonds, hérissés ; une légère moustache ornait sa lèvre supérieure, ses mains étaient fines, sa voix douce et mélancolique. Evidemment, c'était un fils de famille patricienne.

» Sur son lit était une planchette à écrire. Il venait de fermer une lettre. Je lus la suscription :

« *A M. l'intendant Krauss.* »

» — Soyez tranquille, lui dit la sœur en allemand, votre lettre partira.

» — Bien sûr, ma sœur?

» — Bien sûr. »

» Il y avait tant d'affectueux respect dans la façon dont le Saxon prononçait ce mot : *Ma sœur*, que nous en fûmes frappés.

» — Vous aimez cette sœur qui vous soigne?

» — Si je l'aime, nous dit-il en bon français, elle me rappelle ma mère et ma sœur tout à la fois ; ma mère par ses soins, par son langage, ma sœur par son âge et son cœur. *Ah! Monsieur, quelles femmes que vos sœurs de charité! quelles femmes!*

» — Allons, dormez; lui dit la sœur en le forçant à se recourber, dormez et ne parlez pas ! Ordonnance du médecin! »

» Toujours la même modestie, cette modestie tant recommandée par saint Vincent de Paul.

» Nous voici devant un Badois.

» Son regard est terne, son front morne, il paraît accablé.

» — Vous souffrez beaucoup? »

» Notre homme ne répond pas et son voisin nous apprend qu'il ne comprend pas le Français.

» La sœur l'interroge en allemand.

» — Avez-vous quelqu'un là-bas ? lui dit-elle.

» Deux grosses larmes tombent de ses yeux et il baisse la tête en murmurant : *Ya*.

» — Voulez-vous écrire à quelqu'un ?

» — *Ya*, répétait-il avec joie, *ya ! ya !*

» Tout à coup son regard flamboie ; il regarde la sœur avec une expression de colère qui m'effraie... Je veux éloigner la sœur... Elle se rapproche au contraire.

» — C'est son accès qui le prend, dit-elle, en essayant de lui saisir la main qu'il tient hors du lit.

» Le misérable fait un soubresaut et lance un coup de poing en plein visage de la sœur.

» Celle-ci ne proféra pas une plainte.

» — Voyons, dit-elle en s'écartant pour ne pas essuyer une nouvelle violence, restez donc tranquille !

» Puis elle borda le lit sans se presser et présenta au blessé furieux le pot d'étain qui contient la tisane rafraîchissante.

» — La brute vous a fait mal ? m'écriai-je indigné ; vous battre, vous !

» — Jésus-Christ a bien été souffleté, répondit-elle doucement, et elle passa à un autre malade.

» Nous la regardâmes s'éloigner, n'osant pas la complimenter de sa résignation.

» Cependant, nous crûmes devoir prévenir une

autre sœur, lui demandant s'il ne serait pas prudent de mettre la camisole de force à ce furieux, de peur d'un malheur.

» — Le punir, me répondit-elle, imposer une torture à ce malheureux ?

» — Non, mais prendre des précautions.

» — A quoi bon ? il ne sait pas ce qu'il fait, et toute mesure de rigueur ne ferait que l'exciter ! Le pauvre garçon souffre tant !...

» Commenterons-nous cette réponse évangélique : A quoi bon ?

» Quand nous revînmes sur nos pas, nous retrouvâmes la même sœur en train d'essuyer avec un linge la sueur froide et l'écume sanguinolente dont le visage de l'Allemand était baigné.

» Cette sœur pouvait avoir vingt-cinq ans. Elle était frêle et délicate, avec un visage émacié par les fatigues et les privations.

» — Cette sœur me paraît bien faible et bien malade pour un tel service ? » dis-je à l'infirmier qui me servait de cicerone.

» — Que voulez-vous ! on les fait passer les nuits et elles jeûnent ! me répondit-il.

» Une douzaine de mobiles se trouvaient dans une

salle, au moment où passait la supérieure ; par un mouvement spontané, tous ceux qui avaient le bras libre firent le salut militaire.

» — Braves enfants, dit la sœur, mais pourquoi les envoyer si jeunes à la bataille ? Tenez, ajouta-t-elle en m'en montrant deux qui avaient pu se dresser sur leur séant, en voilà qui n'ont pas dix-huit ans peut-être. »

A la bataille de Forbach, quand la plaine était couverte de morts et de blessés, et que les Prussiens tiraient toujours, la supérieure de la Providence de Perth allait sous la pluie de balles et d'obus secourir nos soldats mourants.

Elle fut tuée par un obus au moment où elle tenait dans ses bras un malheureux blessé.

Une autre, dont on n'a pas conservé le nom, fut tuée par une balle prussienne pendant qu'elle donnait à boire à un blessé dans un fourgon des ambulances.

La *Gazette de Silésie*, qui a plus d'une fois répandu sa boue sur tout ce qui fait la gloire de la France, osa accuser les Françaises de faire du mal aux blessés allemands. Jamais, je crois, accusation ne fut plus ignoble ni plus mal fondée.

L'une d'elles fut tuée par une balle prussienne au moment où elle
soignait un blessé. (Page 239.)

Aussi Mgr Dupanloup répondit-il au nom de son diocèse ces lignes qui vengèrent les sœurs des infamies allemandes :

« Ce qui est vrai, dit-il, c'est que quatre cents sœurs de Charité ont été et sont encore occupées à soigner vos blessés et les nôtres. Je les ai mises à la disposition des autorités militaires pour vos propres ambulances, là où l'on a voulu. Les religieuses de la « Visitation » ont reçu à la fois jusqu'à deux cents blessés. Elles se sont démunies pour eux de tout, de leurs propres lits, de leurs couvertures, couchant, elles, sur la paille.

» Elles les ont veillés le jour et la nuit.

» Il y en a qui, à la suite de ces fatigues, sont mortes et la supérieure a été deux fois aux portes de la mort.

» Au Sacré-Cœur, il y a encore à l'heure qu'il est près de deux cents blessés.

» Nos religieuses du monastère de la Charité, si pauvres que depuis quatre mois elles sont obligées de prendre pour elles et pour leurs orphelins le pain à crédit, en ont eu jusqu'à cent quatre-vingts.

» Nos sœurs de Saint-Aignan, si pauvres aussi, que je cherche chaque jour un moyen de pourvoir à

leur existence, ont également recueilli dans leurs maisons plusieurs centaines de blessés.

» Je ne nomme pas les sœurs de la Sagesse, nos
sœurs garde-malades, les Petites-Sœurs des Pauvres,
les Ursulines, ni les Carmélites, dont les supérieures
sont mortes par suite des maladies contagieuses de
leurs blessés. »

*
* *

A Soissons, elles soignent plus de sept mille blessés
prussiens.

Au milieu des obus, des écroulements de murailles,
elles restent auprès d'eux.

Le médecin en chef leur témoigne son admiration
dans une lettre de remerciements adressée à la supérieure.

Les blessés allemands ne veulent même plus des
ambulances prussiennes ; ils sont si bien dans celles
tenues par les sœurs de France !

Pour les récompenser de leur dévouement à leurs
blessés, voici ce que faisaient ces bons Allemands :

» Les assiégés avaient occupé le village de Peltre
dans une sortie, et l'avaient abandonné, raconte
M. Mézières (1). Quand les Prussiens y rentrèrent, ils

(1) *Revue des Deux-Mondes*, 1875.

accusèrent les paysans de s'être entendus avec les soldats, et décidèrent que le village entier serait brûlé.

» Deux jours de suite, on mit le feu à toutes les maisons, froidement, systématiquement, et l'on n'en laissa subsister aucune.

» Un établissement restait, une maison religieuse occupée par vingt-trois sœurs qui y avaient soigné les blessés et les malades prussiens depuis le commencement du siège. On les fit sortir, et sous leurs yeux on alluma l'incendie dans les bâtiments que leur charité avait rendu sacrés.

» Cette scène ne serait pas complète si l'on n'ajoutait qu'au moment même où le couvent brûlait, un aide-de-camp du prince Frédéric-Charles venait demander six religieuses de Peltre pour donner des soins à ses blessés sur un autre point.

» Devant leur maison en flammes les nobles sœurs répondirent : « Nous irons. » Elles partirent sur-le champ et les Prussiens qui venaient de détruire leur asile acceptèrent leurs services! »

*
* *

Lorsqu'ils arrivèrent à Soulz, non loin de Colmar, les Prussiens trouvèrent quatre sœurs de charité occupées à soigner les blessés. Ces Prussiens accusèrent les sœurs d'avoir conseillé aux habitants de résister à l'ennemi.

On vit alors quelques soudards allemands arracher les sœurs du chevet des malades. Entraînées, injuriées par ces misérables, les sœurs furent placées au pied d'un mur et fusillées.

Devant de tels forfaits, les paroles humaines sont impuissantes pour les malédictions, et le cœur humain trop ému pour le pardon (1).

. . . .

« Le soir du combat de Spickeren, ceux qui relevaient les morts trouvèrent une sœur de charité le front brisé par la balle d'un Prussien. Elle était tombée près de ceux qu'elle secourait... (2) »

A Angers, les sœurs de la Charité furent admirarables de dévouement.

« Profondément touchés, dit un témoin, M. Cosnier, des prodiges d'intelligence et de courage qu'elles montrèrent en 1870, où, sans accroissement de

(1) Un Lorrain écrivait à ce sujet : « J'ignore si, en effet, les religieuses de Peltre n'étaient qu'au nombre de vingt-trois, mais de l'avis de bien des gens du pays, toutes celles qu'on a fait sortir ne constituaient pas l'effectif de la communauté, et des religieuses infirmes ou âgées ont dû périr dans les flammes.. »

(2) *L'héroïsme en soutane*, ch. v. La Sœur, par le général Ambert, p. 190.

nombre, elles se dédoublèrent pour la grande ambulance militaire de Saint-Jean, mes collègues et moi nous leur offrîmes ce qu'elles pouvaient le mieux désirer : de l'argent pour leurs aumônes ou des livres pour leur édification ; elles refusèrent tout, et, cependant, ces excellentes femmes s'étaient dévouées au point que les malades même s'étaient levées de leur lit pour aller respirer l'air pestilentiel des varioleux. Pendant quatre mois, oubliant leurs souffrances, elles se multiplièrent à la lettre pour soigner cinq mille de nos pauvres défenseurs, dont cinq cents moururent entre leurs bras.

» Nous ne citerons que l'une d'elles, parce qu'elle n'est plus à Angers, tandis que les autres sont encore à Sainte-Marie. Sœur C..., atteinte d'une affection interne, était condamnée à rester couchée, sans espoir de guérison. Elle se leva, à la voix de la supérieure, appel qu'on peut comparer à celui du général de Sonis aux zouaves pontificaux devant Patay : « Allons, messieurs, pour Dieu et pour la patrie ! » A Reischoffen, au milieu de la mitraille, elles couraient relever les blessés ; l'une d'elles fut tuée par une balle prussienne au moment où elle soutenait un blessé. »

*
* *

Si vous passez quelque jour en Lorraine, dans le

petit village d'Olley (1), en face du couvent de Saint-Hilaire, inclinez-vous bien bas et faites une prière.

Là s'est passé un des crimes les plus atroces de la guerre franco-allemande ; là s'est passé une de ces choses sans nom, un de ces actes que des Prussiens seuls pouvaient accomplir.

Le soir encore, le paysan qui rentre avec sa charrue presse ses bœufs nonchalants en passant devant cette demeure, se signe dévotement et retient une larme au bord de ses paupières, un cri de malédiction au bord de ses lèvres.

C'était là, dans cette demeure de paix, que l'aristo-cratie lorraine, que la haute bourgeoisie envoyaient leurs chères petites filles pour y recevoir une bonne éducation, pour y imprégner leur tendre âme des bons sentiments que seule peut donner l'instruction reli-gieuse.

Quand les Prussiens envahirent la contrée, le cou-vent de Saint-Hilaire renfermait deux cents reli-gieuses et deux cent cinquante pensionnaires.

Les enfants de la Lorraine se défendirent ardem-ment. De toutes parts arrivaient des blessés. Deux

(1) Près d'Etain.

chirurgiens français appelèrent à leur aide deux sœurs du saint asile.

Elles accoururent, comme toujours, souriantes et dévouées.

Or voici ce qui arriva :

Pendant que les deux sœurs de Charité aidaient les deux chirurgiens à panser des soldats allemands, elles aperçurent un pauvre paysan que les protestants du roi Guillaume et de la douce Augusta allaient passer par les armes. Elles s'interposèrent et demandèrent sa grâce.

Hélas ! elles avaient affaire à ces vautours noirs que l'on appelle les uhlans et les balles prussiennes, au lieu de commettre un crime, en commirent trois.

Et, quand à côté du pauvre père de famille, victime de son dévouement à la terre natale, les uhlans virent renversées sanglantes les deux pauvres sœurs qui quelques instants auparavant soignaient leurs frères, ils se prirent à danser en rond autour des cadavres et à leur lancer des injures obscènes. *C'était de la gaieté teutonne.* Les cadavres des deux pauvres martyres restèrent trente-six heures sans sépulture.

La supérieure du couvent, prévenue par les chirurgiens, osa se plaindre et parler le langage de la charité et de la justice à des brutes germaines. Il devait lui en cuire.

Quelques jours après, une petite armée prussienne, sous les ordres d'officiers prussiens, le cigare aux lèvres, la badine à la main, arrive tambours battants, fifres sifflants, devant le couvent.

On fit sommation d'ouvrir.

Pensionnaires et religieuses, au pied de l'autel, priaient et pleuraient.

Les sapeurs firent sauter la porte du saint lieu et la bande barbare s'engouffra dans les vestibules avec un bruit terrible.

Sur le seuil de la chapelle se tenait la supérieure protégeant de son énergie les pauvres vierges du Seigneur sanglotantes.

La bande s'arrêta un instant. Mais ce n'était pas pour fuir comme Attila, c'était pour prendre le chemin des caves et revenir ivre, hurlante et furieuse de désirs inassouvis.

Les chefs étaient à la tête de cette scène de débauche et de carnage ; la lutte dura peu d'instants et quand le soleil du matin traversa les vitraux de la chapelle, il étendit ses rayons de pourpre et d'azur sur les corps des vierges mortes et profanées et sur les charognes bestiales de soldats encore ivres de vin et de luxure.

N'est-ce pas qu'il était beau le tableau de ta civilisation, ô protestante Allemagne !

*
* *

Nous voici à Sedan. Une terrible épidémie, celle du typhus, sévissait avec rage. Les hommes mouraient comme des mouches. Les infirmiers se sauvaient des foyers pestilentiels. La *Sœur Saint-Hippolyte* vint trouver sa supérieure et sollicita d'elle, comme une grâce à laquelle elle attachait un grand prix, la permission d'aller soigner les pestiférés :

— Il est, lui dit-elle, une place que j'ambitionne et que je vous supplie de ne pas me refuser. De grâce, permettez-moi d'aller à l'ambulance du Pont de Nangis.

— Partez, ma fille, lui répondit la supérieure en lui donnant sa bénédiction.

La *Sœur Saint-Hippolyte* resta jusqu'au dernier moment dans ce foyer de mort et n'en sortit qu'après le départ de tous les malades.

Un jour que la Sœur passait à Blois, une lettre l'invita à se rendre à l'Évêché. Là, elle trouva le chapitre assemblé et l'évêque lui remit solennellement un diplôme d'honneur qui lui était offert par le président de la République (1).

*
* *

Un lieutenant de turcos blessé à Wissembourg, transporté à l'ambulance et soigné par les Sœurs de Saint-Charles me racontait qu'il avait vu deux jeunes Sœurs, sous prétexte que c'était un jour de jeûne, se priver de nourriture pendant une journée entière afin de pouvoir donner suffisamment à manger à un turco, blessé au bras et qui, doué d'un appétit féroce, avait peine à se rassasier.

*
* *

Nous sommes à Châteaudun, l'héroïque cité.

La ville est en flammes, partout crépite la fusillade qui se mêle aux râles des mourants, aux sanglots des blessés, aux imprécations des barbares vainqueurs. De tous côtés, ivres de fureur, saoûls de rage, les Prussiens pillent, détruisent, assassinent ceux qu'ils rencontrent.

Dans une maison avoisinante de la barricade qu'avait si intrépidement défendue mon ancien pro-

(1) Ce diplôme a été déposé dans les archives de la maison-mère, à Bordeaux.

fesseur et ami François Bazin, les sauvages Allemands ont saisi un brave homme, un pauvre ouvrier nommé Lépine. Sans écouter ses protestations véhémentes, malgré les cris de sa femme et de ses quatre enfants, les Prussiens l'ont adossé lentement contre un mur et vont le passer par les armes.

Tout à coup, une femme, une Sœur à la blanche cornette s'est élancée et d'un bond s'est placée entre le pauvre homme et ses ravisseurs. Elle crie grâce en langue allemande et se cramponne à l'habit de l'officier qui commande les soldats. L'officier a beau faire, il ne peut se dégager de cette étreinte désespérée ; il faut qu'il parlemente avec la bonne sœur *Jeanne de Chantal* qui affirme que le pauvre Lépine n'est pas un franc-tireur.

L'officier promet de faire une démarche auprès du commandant. Celui-ci accorde la grâce.

Sœur Jeanne de Chantal avait sauvé la vie (au péril de la sienne) à un pauvre père de famille.

Sœur Jeanne de Chantal, soyez bénie ! *Il n'y a qu'une Française et qu'une Sœur de charité qui ait pu accomplir un tel acte de dévouement !*

Pendant plusieurs jours les Sœurs de la Providence de Châteaudun, au péril de leur vie, cachèrent et sauvèrent ainsi d'une mort certaine plusieurs francs-tireurs qui avaient échappé au massacre.

*
* *

C'est aussi à Neuvy que se distingua *Sœur Louise Rossignol*. Agée seulement de vingt-neuf ans, elle avait choisi une salle consacrée aux soldats frappés de la fièvre typhoïde. A peine avait-elle quitté la salle des malades qu'elle allait prier auprès des cercueils des morts. Ce grand dévouement lui fut fatal. A son tour la terrible fièvre la saisit, et le 6 mars elle rendit son âme à Dieu.

*
* *

Le docteur Bidard, médecin-major des mobiles, avait vu les sœurs à l'œuvre. Il écrivait ces quelques lignes d'admiration :

« Les sœurs de Saint-Vincent-de-Paul desservaient et desservent encore, j'espère bien, l'hôpital superbe dont Bellême a le droit de s'enorgueillir. La vue de leurs blanches cornettes me fit du bien. Je les mis tout de suite au courant de ma situation. Elles me dirent qu'elles avaient des mobiles malades.

» J'allai les voir, et une dizaine qui étaient du pays de Martin s'écrièrent : Ah ! notre docteur !

» Les uns avaient les pieds en bouillie, les autres de graves bronchites.

» Je les soignai et les pensai tout d'abord et je les recommandai aux sœurs, qui en avaient d'ailleurs le soin le plus touchant. »

Partout elles firent le bien.

***

En Avril 1890, s'éteignait, à l'age de 73 ans, la *Mère Saint-Henri*, supérieure de l'hôpital de Janville (Calvados).

Pendant la guerre de 1870, la sœur Saint-Henri montra une énergie qu'un habile pinceau a immortalisée et que le général Ambert a célébrée dans ses *Récits militaires*.

« Après cinq jours de marche, nous arrivions enfin à Janville, raconte le capitaine de Maricourt (1), un des combattants de la bataille de Loigny (2). Sur la place, un Prussien, officier ou chirurgien, donna l'ordre au convoi de continuer jusqu'à Toury (3), ce qui demandait encore trois heures de voiture.

(1) Capitaine au 2ᵉ bataillon de Loir-et-Cher, compagnie de Veudouse.

(2) Général Ambert, *Récits Militaires* (Tome III, la *Loire et l'Est*, chapitre II).

(3) Toury (Eure-et-Loir), bourg du canton de Janville.

« —Abandonnez-nous sur la route ! criaient les blessés, nous n'en pouvons plus. »

» Dans ce moment parut la Supérieure de l'hospice de Janville :

» — Non, monsieur ! s'écria-t-elle avec énergie; ces blessés ne vous appartiennent pas, ils sont à moi : je ne veux pas qu'on les traîne plus loin ! »

» Le Prussien voulut protester.

» — Assez ! cria impétueusement la vieille religieuse. Allons, charretier, dételez vos chevaux, et vous, monsieur, qui voulez faire souffrir inutilement ces blessés, vous êtes un misérable ! »

» Elle était magnifique dans son indignation, et je crus voir le génie de la France planer sur nos têtes lorsque par instinct, par habitude, presque sans le savoir, cette religieuse leva son bras armé du chapelet et nous dit :

» — Venez, mes enfants, sous la garde de Dieu. »

» Cette bonne religieuse était, dans son couvent, la mère Saint-Henri ; elle avait été, dans le monde, mademoiselle de Saint-Guillem, d'antique noblesse française.

» Pauvre sainte femme, qui eut la douleur de retrouver parmi nous, dans notre convoi, son propre

Tout à coup, une femme, une Sœur à la blanche cornette s'est élancée,
et d'un bond... (Page 245.)

neveu, zouave pontifical, mais, hélas ! blessé à mort. Il languit peu de temps, et la bonne Mère Saint-Henri eut la consolation d'entourer son lit de mort d'une affection maternelle.

» Vingt minutes après, nous étions cinq dans une vaste chambre, auprès d'un feu pétillant. Autour de nous, des femmes préparaient cinq lits en fer, avec des draps bien blancs, de chaudes couvertures, des couvre-pieds qui rappelaient le foyer.

» Un lit ! un vrai lit ! après tant de misères ! Le colonel de Montlaur lui-même était tout réjoui ; Charnot, qui approchait de sa fin, retrouvait des sourires. Nous reposions depuis une heure, lorsque nous vîmes paraître la cornette bénie des Sœurs de Charité. Nos blessures furent enfin lavées et pansées. L'une des Sœurs fut spécialement attachée à notre salle, et nous eûmes le bonheur de la conserver pendant notre séjour à Janville.

» Chère petite sœur Louise de Marie, jamais ces lignes ne franchiront les murs de votre couvent, sinon je n'oserais parler de votre existence cachée au monde. Parmi tant de souffrances soulagées par vos mains et surtout par votre âme, les nôtres ont passé inaperçues, car vous oubliez le bien que vous faites, assurée que Dieu s'en souviendra. Mais nous, dont vous avez été pendant deux mois le doux ange gardien, nous ne l'oublierons pas non plus.

» Des années sont passées depuis ces temps de deuil, pour vous dans le recueillement du cloître, pour nous dans l'agitation et les soucis. Les blessés de Janville se confondent, dans vos prières, à tous les malheureux que vous avez rencontrés. Ces blessés, dispersés sur la terre, élèveront leur cœur vers Dieu qui a des filles telles que vous, ma Sœur.

» Lorsque votre cornette blanche apparaissait sur le seuil de notre ambulance, nous croyions voir un joyeux rayon de soleil. Vous nous consoliez par un bon sourire, par une tendre parole.

» Vous avez eu pour nous le dévouement de la femme, la délicatesse de la jeune fille, le cœur d'une sainte.

» Que Dieu vous rende, ma chère Sœur, tout le bien que vous nous avez fait, pour l'amour de lui.   .

. . . .

» Une foule de visiteurs vint nous tirer de l'extase où nous avait plongés tant de bien-être. Un mélange de curiosité et de charité renouvela cette foule jusqu'au soir. Janville n'avait pas encore vu de blessés.

» Nous étions soignés par le docteur Lebel, Polonais d'une trentaine d'années, établi à Janville.

» Nous fûmes placés dans une ambulance de l'autre côté de la rue. Je pris place près du colonel de Montlaur. Nous étions quatre dans cette chambre, un sous-lieutenant d'infanterie, vieux soldat nommé Pratz, et un zouave pontifical, M. Houdet de Nantes. Il fut amputé du bras et mourut le lendemain.

» En ce temps-là, il nous vint des visites. Madame de Montlaur, le père de Raoul, madame de Bellevue, traversèrent courageusement les lignes ennemies pour retrouver leurs proches. Ces dames et d'autres encore bravèrent cent fois la mort. Il venait aussi des mères, des sœurs, des épouses, bonnes paysannes qui allaient d'ambulance en ambulance demandant un simple soldat. Souvent elles ne trouvaient qu'une tombe.

» Chaque fois qu'une personne venue de loin s'en retournait ou qu'un prisonnier s'évadait, j'envoyais deux lettres : l'une à ma mère, réfugiée à Castres ; l'autre à ma femme, à Rouen.

» Un jour, un officier prussien, portant au cou une grande croix de Malte, vint fort poliment nous demander si nous avions besoin de quelques secours. Les Sœurs de charité lui demandèrent du sucre pour les tisanes. Il sortit, laissant beaucoup de cigares et du tabac. Le lendemain, notre chevalier de Saint-Jean revint à cheval, portant lui-même le sucre. Cet officier nous dit que de grands seigneurs allemands, chevaliers de Malte, suivaient les armées en campagne pour soulager les soldats blessés et surveiller spécialement les ambulances.

» Ce visiteur avait une telle distinction et des façons si bienveillantes que je le priai de faire parvenir à ma femme une lettre ouverte, ce qu'il s'empressa de faire.

» Des employés de l'armée allemande, en inspectant l'ambulance, prirent les noms de tous les prisonniers français, et nous firent savoir que Janville serait imposé de 4,000 francs pour chaque homme qui s'évaderait. A dater de ce jour, personne ne prit la fuite.

» Noël arriva, Noël, la fête bénie du foyer de la famille, des joyeuses réunions, des doux souvenirs d'enfance. Qu'était devenu le foyer? Et la famille, où vivait-elle?

» Notre ambulance voulut fêter Noël. Dès le matin, un petit autel fut dressé dans l'alcôve vide de notre chambre, et le bon curé de Janville vint y célébrer la messe. Tous les blessés qui pouvaient se traîner ou qu'on avait pu transporter se réunirent dans notre chambre. On voyait de pauvres blessés étendus sur des matelas ou sur la paille, appuyés sur leurs béquilles. A l'exception d'un seul, qui était protestant, tous les blessés communièrent.

» Le curé, enjambant les corps immobiles pour la prière, allait près de chaque lit. Après l'office, les mains se serrèrent en silence : tous nous avions prié pour la France.

» Après Noël, le jour de l'An. *Sœur de Marie* vint la première nous souhaiter la bonne année; puis le docteur Lebel; puis le maire de Janville, M. Cléchy; puis M. Leroy, administrateur de l'hospice; enfin un grand nombre d'habitants. Les femmes nous offraient des friandises, et nos charitables gardiennes, souriantes, nous grondaient de n'être pas heureux.

» Pour occuper nos loisirs, la lecture ne suffisait plus, et chacun de nous avait entrepris un travail manuel; notre chambre était devenue une vraie fabrique de cannes, de béquilles, de filets et même d'ouvrages à l'aiguille.

» Un jour, Sœur Louise de Marie nous raconta cette histoire un peu lugubre, dont le dénouement l'avait frappée :

» Cinq frères, tous officiers dans le même régiment prussien, étaient partis ensemble de Berlin.

» C'étaient de magnifiques gens de guerre, comme il s'en trouve dans les races nobles du Nord, amour et orgueil d'une mère.

» L'attachement de ces frères entre eux était proverbial dans leur corps d'armée. L'un fut tué à Gravelotte, un second à Borny, un troisième à Rezonville. Ils n'étaient plus que deux, lorsque l'armée allemande quitta le pays de Metz, arrosé de tant de sang. L'un de ces deux tomba mort à Loigny. Le dernier survivant fit ramener le corps de son frère, et, comme ils étaient catholiques, il déposa provisoirement le cercueil dans la chapelle de l'hospice de Janville. Avant de diriger sur l'Allemagne ce précieux dépôt, l'officier voulut revoir les traits de son frère. Il fit ouvrir la bière en présence de toutes les Sœurs de charité agenouillées. Lui était debout, les bras croisés, pâle et le regard fixe. Il considéra pendant un instant le beau jeune homme endormi pour toujours; aucune émotion ne semblait l'agiter... « Il est sans cœur », pensaient les Sœurs toutes tremblantes. Mais tout à coup il tomba sur les dalles, les bras étendus, comme s'il voulait embrasser son dernier frère. Pendant plus d'une heure, l'officier prussien ne donna pas signe de vie, et les Sœurs de charité eurent grand'peine à le faire revenir à lui.

» De temps en temps, nous allions accompagner au cimetière quelque soldat mort de ses blessures. La population civile de Janville se joignait à nous, et tous les prisonniers pouvant marcher formaient une escorte nombreuse.

» Vers le 15 janvier, une colonne de prisonniers français traversa Janville et fut logée dans l'église. Pendant la nuit, plusieurs parvinrent à s'évader à la faveur de vêtements fournis par les habitants. Un de ces prisonniers nous dit qu'au combat de Parigné-l'Évêque, il avait vu un nôtre ami, Odan de Meckenheim, tué raide par une balle au cœur.

» Un phémomène singulier que je constate, sans chercher à l'expliquer, est celui-ci :

» Un bon jeune homme, enfant gâté d'une riche famille, arrive à l'armée tout gémissant. Sa nourriture a toujours été succulente; les vêtements les plus chauds l'hiver, les plus frais l'été, ont été rassemblés dans sa garde-robe; à la chasse, dans le parc du château, il ne peut supporter le poids de son carnier ; ses chaussures sortent de l'atelier le plus célèbre de l'Angleterre ; les bains hygiéniques se renouvellent presque chaque jour, et sa couche aux épais rideaux est caressée par un demi-jour favorable aux rêveries. Ce jeune homme n'a jamais connu ni fatigues ni privations.

» Seul, le cœur est entier, et l'enfant part pour la guerre aux appels de la patrie.

» Quelques mois après, ses repas se composent de pain noir; il dort dans les fossés de la route, sous la neige qui tombe épaisse; son unique vêtement est une veste de toile; ses chaussures, ramassées dans un bivouac, ne le défendent ni des pierres ni de la boue. Il se bat tout le jour, marche toute la nuit, porte gaiement son sac et plus gaiement son fusil. La poitrine, chancelante depuis le berceau, est devenue solide comme du bronze; la voix domine le fracas de la fusillade; ses jarrets sont d'acier, et ses yeux, jadis inséparables du pince-nez, découvrent maintenant un Prussien caché dans un buisson, à l'extrémité de la plaine.

» J'ai vu une grande quantité de jeunes gens se trouver à merveille de ce régime. Il exige il est vrai, un moral bien trempé; mais soyez convaincu que, pour forger un homme, rien ne vaut la guerre.

» On ne peut cependant pas la faire comme moyen

hygiénique; alors essayons de la vie régimentaire qui a plus de charmes qu'on ne pense.

» En visitant l'hospice de Janville, je rencontrai dans la même chambre deux sous-officiers de zouaves pontificaux, MM. de Taresta et de la Celle, tous deux blessés à la poitrine. Dans leur chambre, MM. du Bourg et de Villebois étaient morts peu de jours avant.

» La nouvelle d'un grand événement vint changer le cours de nos pensées. Paris avait capitulé, et un armistice de vingt-et-un jours était signé.

» Depuis deux mois les nouvelles à sensation nous arrivaient. On annonçait tantôt une grande victoire de Chanzy, tantôt Ducrot était sorti de Paris; d'autres fois, les francs-tireurs avaient tué Bismarck. On parlait de mystérieux cercueils partis de Versailles pour Berlin ; ces cercueils, couverts de drap d'or, ne pouvaient renfermer que des princes, un empereur d'Allemagne, peut-être.

» Nous étions devenus fort méfiants à l'endroit des nouvelles. Cependant les mots : capitulation, armistice sonnaient comme le glas funèbre de notre malheureuse France. Il fallait bien se résigner à croire.

» Il nous fallait profiter de l'armistice pour quitter

Janville, avec un vague espoir de combattre encore dans vingt-et-un jours.

» Notre départ fut fixé au lendemain. Les sœurs de Charité parvinrent à nous procurer une voiture. Je dis « notre départ », mais nous n'étions que quatre.

» Les adieux aux blessés nous arrachèrent des larmes ; les habitants de Janville vinrent nous presser les mains et la nuit fut agitée.

» Le soir, sœur Louise de Marie nous fit promettre de venir voir son couvent de Junissy, où elle comptait retourner bientôt, après la suppression des ambulances de Janville.

— « Oh ! oui, chère sœur, nous irons vous remercier, nous vous le promettons. »

» Le lendemain, au moment du départ, elle était appuyée au montant de la porte, près de la Mère supérieure. Je crois voir encore leurs cornettes blanches agitées par le vent, leurs figures graves et douces couvertes de larmes, et leurs mains croisées sur la poitrine.

» Au détour du chemin, je penchai la tête hors de la voiture pour revoir les saintes femmes. Elles étaient retournées auprès de leurs malades. Nous gardions le silence et nous pensions à cette femme que vénèrent tous les vrais soldats et qui est la sœur de Charité. »

*
* *

Citons maintenant un fait bien touchant. C'est à l'hospice de Bicêtre qu'on envoyait les pauvres soldats atteints de la petite vérole. Ce sont les sœurs de Charité qui occupent ce poste dangereux. Elles sont quarante-sept. Au bout de huit jours, onze d'entre elles ont succombé. La supérieure convoque les sœurs, leur fait comprendre le péril qu'il y a à occuper un pareil poste, et demande s'il se trouve parmi elles onze sœurs pour remplacer les pauvres mortes. Trente-deux sœurs se présentent et il faut tirer au sort les heureuses élues.

La pieuse jalousie des autres ne dura d'ailleurs pas longtemps, car il fallut encore bientôt de nouvelles remplaçantes! Quarante sœurs étaient mortes dans ce seul hôpital. On pourrait multiplier tous ces faits admirables qui les firent rechercher de tous, sans distinction d'opinion ou de croyance.

*
* *

Une juive, madame Coralie Cahen, partie de Metz où elle dirigeait une ambulance étant venue au secours de l'armée de la Loire, s'arrêta à Vendôme. On avait installé une ambulance dans une ancienne abbaye. C'est là que madame Cahen s'établit.

« Mme Coralie Cahen (1), qui est de la race et de la religion d'Israël, savait par expérience qu'auprès des malades rien ne peut valoir la ponctualité, le désintéressement des soins attentifs des femmes appartenant aux congrégations religieuses. Elle fit appel aux Marianistes de la Sainte-Croix, qui ont leur couvent au Mans, et sept sœurs vinrent partager les travaux de l'hôpital; il était temps : on succombait à la fatigue, et les troupes allemandes se rapprochaient. Les sœurs Marianistes n'ignoraient point les croyances de Mme Coralie Cahen, mais il paraît que les bonnes sœurs savent se comprendre, car elles acceptèrent sans hésitation son autorité, et, au bout de peu de jours, l'ayant vue à l'œuvre, elles ne l'appelaient plus que *la Mère.* »

* *
*

« Comment s'appelaient les quatre sœurs fusillées à Sousy? raconte M. de Lyden.

» Lorsque les Prussiens pénétrèrent dans cette petite localité, ils y trouvèrent quatre sœurs de Saint-Vincent de Paul, occupées à soigner nos blessés et ceux de l'armée allemande.

(1) Dit M. Maxime du Camp.

» Les troupes ennemies avaient éprouvé quelque résistance de la part des habitants du village, et une pareille conduite ne pouvait rester impunie. Les officiers prétendaient que les sœurs avaient poussé ces braves paysans à se défendre, et leur condamnation fut décidée.

» Les soldats arrachèrent les malheureuses Filles du Seigneur des lits sur lesquels elles étaient penchées pour aider les moribonds à mourir. Elles furent enchaînées et conduites dans la cour.

» Sur un ordre, elles s'agenouillèrent, recommandèrent leur âme à Dieu, croisèrent les bras.....

» Quelques secondes après, elles tombaient criblées de balles : et comme deux respiraient encore, deux sous-officiers leur donnèrent le coup de grâce. »

* * *

Un vieux sergent-major a raconté à M. de Lyden la belle anecdote suivante :

« J'étais blessé à Gravelotte, étendu au milieu de soldats morts et de malheureux expirants. La journée s'avançait.

» Je me demandais si j'allais mourir abandonné,

comme tant d'autres, et je pensais à mon père et à ma mère qui, sans doute, priaient pour moi.

» Ah ! ceux qui n'ont jamais quitté leur famille, et qui doivent mourir dans les bras des leurs, ne savent pas ce qu'il y a de poignant, d'affreux, d'épouvantable, la nuit, au milieu d'un champ de bataille, sans entendre une parole aimée, sans sentir une main dévouée presser la vôtre ! Ceux qui ne croient pas, alors, sont bien heureux de se réfugier en Dieu !

» Voilà soudain qu'à quelques pas de moi j'aperçus, penchée sur la terre humide de sang, une religieuse.

» Les grandes ailes de son bonnet blanc se détachaient vigoureusement sur le ton gris et rouge du sol. Quel était son ordre, je l'ignore ; c'était une Sœur de Charité, cela me suffisait.

» Jamais, je crois, je n'ai éprouvé un plus vif sentiment de joie, un réconfort plus efficace qu'en voyant cette sœur. Il n'y avait pas dix secondes que j'étais désespéré, blasphémant peut-être ! Il avait suffi de la vue du bonnet blanc pour me rendre le courage et la foi.

» Par un effort suprême qui me fit éprouver une atroce douleur, je parvins à me redresser à demi et je m'appuyai sur le coude pour mieux voir et être vu.

Le uhlan fit reculer son cheval, comme s'il eût craint d'être arrêté
par cette femme, et faisant tournoyer son sabre... (Page 267.)

» Je n'osais appeler, de peur d'être entendu par quelques traînards de l'armée allemande qui, disait-on, avaient la sinistre mission d'achever les blessés.

» La religieuse était agenouillée auprès d'un blessé qu'elle pansait en lui adressant des paroles de consolation et d'espérance. Je n'entendais pas les mots, mais aux inflexions de sa voix, je comprenais.

» J'allais l'appeler à mi-voix, quand tout à coup je vois un uhlan arriver au galop de son cheval. De la main gauche, il portait une lance, de la main droite un sabre nu, un sabre d'officier français certainement, je le reconnus à la dragonne qui pendait à sa poignée.

» Quand il fut tout près de la sœur, il lui adressa dans un français tudesque des paroles menaçantes.

» La sainte femme se redressa et, s'appuyant sur l'arçon de la selle, lui montra le blessé.

» — Vous le voyez, dit-elle, je panse ce malheureux. »

» Le uhlan fit reculer son cheval, comme s'il eût craint d'être arrêté par cette femme, et, faisant tournoyer son sabre, il abattit d'un seul coup le poignet droit de la malheureuse.

» La martyre poussa un gémissement, tomba sur le sol auprès du blessé, fit le signe de la croix, avec son moignon sanglant, pendant que le uhlan s'éloignait au galop de son cheval en poussant un cri sauvage.

» Je m'évanouis.

» Quand je revins à moi, j'étais à l'ambulance, ayant à mes côtés une sœur.... Je crus un instant que c'était celle du champ de bataille de Gravelotte : mais non, celle-là avait ses deux mains ».

*
* *

Nous voici au château du Couëssin, près de la ville de Nevers.

Le château a été transformé en grand hôpital pour les varioleux, où *sœur Léocadie*, fille de la Charité de Nevers, passe ses journées entières dans une atmosphère pestilentielle et mortelle.

Un soir, les Prussiens arrivent au château ; ils veulent s'y établir. Mais à peine sont-ils entrés qu'ils se sauvent épouvantés, suffoqués, et ferment les portes en emportant les clefs avec eux. C'est l'abandon complet, la mort horrible de tous les malades.

Il faut que les sœurs aillent elles-mêmes supplier les Prussiens de rendre les clefs.

On les leur donne enfin et sœur Léocadie peut reprendre ses fonctions périlleuses.

Mais bientôt la contagion devient tellement effroyable, la situation est si intenable que les infirmiers militaires s'en vont.

Les sœurs restent seules, redoublant de zèle, luttant avec acharnement contre la variole, contre les fièvres, contre le typhus.

Elles restent là, le jour et la nuit, infatigables, sublimes.

Telle est l'admiration universelle suscitée par cette belle conduite que le général du Temple publiait, le 7 janvier 1871, l'ordre du jour suivant :

« La sœur Léocadie, sœur de la Charité de Nevers, est mise à l'ordre du jour de l'armée (1).

» Par cette distinction, le général ne prétend pas récompenser la sœur Léocadie Labatut, dont la conduite est au-dessus de toute récompense ; il veut seulement remercier, au nom de l'armée qu'il commande, la femme qui, depuis un mois, expose chaque jour sa vie pour soigner nos malades et nos blessés.

» Le général commandant la brigade,

» Du Temple. »

» Nancy, le 7 janvier 1871.

(1) Cet ordre du jour fut communiqué à Mgr l'évêque de Nevers par le commandant supérieur M. de Pinte de Gravigny.

Mais quand l'officier chargé de porter cet ordre du jour à la sœur Léocadie, vint la chercher au château du Couëssin, il ne put arriver jusqu'à elle. Suffoqué par l'atmosphère pestilentielle où vivait pourtant l'admirable sœur, il dut reculer vivement.

Quant à la sœur Léocadie, elle ne put comprendre l'honneur qu'on lui faisait. Que lui importait cela? Il fallut le lui expliquer. Alors, elle s'étonna beaucoup, déclarant qu'elle n'avait jamais fait que simplement son devoir.

*
* *

C'était une dame religieuse trinitaire, cette tendre vierge du Seigneur, dont le général Ambert a parlé avec une émotion si poignante :

« C'était le 16 août 1870, le soir d'une de ces batailles que l'histoire aura à enregistrer comme une des plus sanglantes : les blessés arrivaient en foule ; on déposait dans une grange de Rezonville tous ceux que l'intensité de leurs souffrances empêchait de transporter plus loin; les premiers bras que l'on voyait tendus vers soi, c'étaient ceux de cette petite femme noire, le sourire aux lèvres, les larmes dans les yeux, à deux pas du champ de bataille et de l'énervement de la lutte : à deux pas de la place boueuse et sanglante où l'on avait cru mourir comme tant d'autres. Quel soulagement immédiat que celui de cette charité qui panse à la fois vos blessures, et surtout votre anéantissement moral!

» Pauvre Sœur! pour puiser l'eau que cinquante voix délirantes réclamaient à chaque instant, il fallait aller sous la mitraille, et toutes les cinq minutes vous sortiez avec vos deux bidons et vous rentriez aussi sereine, aussi tranquille, que si Dieu vous avait faite invulnérable.

» Le lendemain, notre armée si vaillante, qui venait pendant quinze heures de lutter contre des forces triples, après avoir couché sur le champ de bataille, se repliait sur Metz. On évacuait toutes les ambulances à la hâte, car l'armée prussienne, qui n'avait pu entamer nos positions de la veille, nous suivait pas à pas.

» Les blessés, enlevés précipitamment, s'encombraient dans les fourgons et les cacolets.

» Que de cris, que de douleurs, que de souffrances et pourtant, pauvre Sœur, vous trouviez moyen, vous qui, depuis quarante-huit heures, n'aviez pas eu une seconde de repos, d'aller d'un bout à l'autre de cette sinistre colonne, d'apporter à l'un une goutte d'eau, à l'autre une bonne parole, de soulever de vos petits bras cette tête qui s'incline, de replacer dans une position moins pénible ces malheureux amputés de la veille et qui, dans une heure, peut-être, seront morts ! Puis vous êtes partie sur le dernier cacolet.

» Hélas ! à peine une demi-lieue plus loin, une balle venait vous frapper, soutenant encore contre votre poitrine le blessé placé de l'autre côté !

» Un escadron de uhlans coupait notre ambulance et nous faisait prisonniers.

» Pauvre Sœur ! c'est par nos ennemis qu'a été creusée la fosse où vous dormez maintenant ! Au milieu de ceux qui survivent, aucun probablement ne saura jamais quelle était cette petite Trinitaire qui avait nom en Dieu Sœur *Sainte-Claire*, ce rêve de charité entrevu au milieu d'une longue nuit d'agonie :

» Vous reposez obscurément dans un sillon perdu de la Lorraine, mais votre souvenir restera jusqu'au dernier jour dans tous les cœurs que vous avez soulagés (1). »

* * *

La supérieure des Petites sœurs des pauvres, attachées aux ambulances de la ville de Paris, succomba aux attaques du typhus et de la petite vérole noire,

______

(1) L'héroïsme en soutane.

qu'elle avait gagnés en soignant des soldats malades de ces deux maladies.

*
* *

Le 2 octobre 1870, 20 sœurs de charité moururent devant Metz en soignant les blessés.

*
* *

Un habitant de Soissons nous racontait l'épisode suivant de la guerre de 1870 :

Depuis quelques jours la ville de Soissons était devenue le point de mire des canons prussiens, et le bombardement avait terrifié les habitants.

Les bombes et les obus pleuvaient sur la malheureuse ville et *plus particulièrement sur l'hôpital.* Les Prussiens n'avaient tenu aucun compte des protestations indignées non seulement des habitants, mais du commandant de la place. Ils n'avaient non plus nullement tenu compte du drapeau blanc à la croix rouge de la convention de Genève qui flottait sur le dôme de l'hôpital.

Une bombe vient à tomber au milieu du toit de la maison ; un violent incendie se déclare. Le commandant amène de suite un détachement du 15e de ligne sous le commandement de deux officiers, non seulement pour essayer d'étouffer l'incendie, mais encore pour arracher à une horrible mort les femmes, les enfants, les vieillards qui s'étaient réfugiés dans les caves de l'hôpital.

Une jeune sœur d'une vingtaine d'années, aimée de tous, sœur Marie, est restée seule pour surveiller ce dangereux transport.

Tout à coup, un nouvel obus prussien éclate au milieu de la salle avec un bruit terrible : les pompiers et les jeunes soldats, nouvelles recrues, même imberbes, se sauvent terrifiés. La religieuse, elle, ne paraît s'apercevoir de rien et, calme, impassible, elle ne s'occupe que de ses pauvres et chers malades.

Pendant que les deux officiers, stupéfaits et muets d'admiration, contemplaient cette frêle et pourtant si courageuse sœur, l'un d'eux remarque dans un coin de la salle quelques jeunes soldats qui s'étaient réfugiés derrière les lits pour échapper aux terribles atteintes des éclats d'obus ; il ne put s'empêcher de lancer en colère un juron des plus énergiques contre la lâcheté de ses hommes.

A ces mots, sœur Marie s'élance vers l'officier français et, joignant ses mains blanches, elle s'écrie :

« Oh ! je vous en prie, monsieur, ne jurez pas ici ! »

L'officier, ému et rougissant, s'inclina respectueusement.

N'est-elle pas admirable la conduite de cette sainte femme qui, au milieu de tant d'événements terribles, pensait encore à ne pas laisser offenser sa foi !

*
* *

Certes, si la Légion d'honneur s'est honorée, c'est le jour (1) où elle a attaché le ruban rouge à la poitrine de *sœur Bathilde* (2).

Sœur Bathilde appartient à la communauté des Sœurs de charité dites de Nevers. Retracer sa vie serait peut-être aller au delà de la modestie de cette sainte femme, dont tous les instants sont consacrés à Dieu et au dévouement envers son prochain.

J'emprunte au *Journal de l'Ain* les quelques lignes suivantes concernant sœur Bathilde :

« ... C'est le dévouement de chaque jour, de chaque heure, pendant plus d'un quart de siècle.

» Sœur Bathilde, en outre, a pris part à une campagne, et des plus rudes. Après avoir soigné les mu-

(1) Le 20 décembre 1886.

(2) Son nom véritable est *madame Laborde*, de l'hôpital militaire de Beauvais.

tilés du désastre de Sedan, quand il lui a fallu recevoir dans ses salles les blessés et les malades de l'armée ennemie, elle a dû encore trouver, dans le sentiment du devoir et de sa charité, assez de dévouement pour que ceux-là mêmes qui nous combattaient n'aient pu s'empêcher de lui manifester leur admiration.

» Pendant de longs mois, son service fut tellement encombré, qu'il lui a fallu en déverser une partie dans les salles habituellement réservées aux civils. On a pu alors constater que le dévouement et l'abnégation ne sont pas, parmi les Sœurs, l'apanage d'une seule, mais des vertus communes à toutes ces nobles femmes. On a pu voir la sœur Paul, aujourd'hui supérieure à l'hospice de Beaumont, se dévouer autant et montrer une égale bonté pour les soldats blessés ou malades. Que pourrions-nous dire encore si nous jetions les yeux sur ce service civil où, depuis plus de trente ans, la sœur Delphin, aimée des pauvres, donne aux médecins un secours aussi intelligent que dévoué ? »

Non seulement les Sœurs de charité se dévouaient en France, mais elles allaient encore à l'étranger porter leur dévouement. Nombreuses furent celles qui partirent des maisons-mères de France pour aller en

Prusse porter secours aux pauvres soldats de France, prisonniers et malades.

Néanmoins, le R. P. de Damas raconte qu'à Bromberg, ville prussienne de la régence de Posen, elles faisaient des prodiges de dévouement. Elles avaient lutté auprès des officiers prussiens pour obtenir l'autorisation de fabriquer deux espèces de pain.

Les pauvres soldats, surtout ceux qui avaient été faits prisonniers à Metz, avaient l'estomac épuisé à la suite de terribles privations. Les vins ordinaires de l'hôpital ne pouvaient guère leur convenir, et les bonnes sœurs poussaient leur dévouement jusqu'à leur faire, quatre ou cinq fois par jour, des distributions d'aliments réconfortants tels que du chocolat, du bouillon, du café, de la viande grillée ou rôtie, des œufs. Malgré la fatigue qui devait en résulter, les sœurs paraissaient toujours gaies et contentes.

LES FRÈRES DE LA DOCTRINE CHRÉTIENNE

SOMMAIRE

Les Frères des Écoles chrétiennes. — Une lettre du T. H. F. Philippe. — Leurs ambulances à Passy. — Les Frères à Verdun, à Dijon, à Péronne-Saint-Rémy, à Dieppe, à Brest, à Marseille, à Caen, à Alençon, à Toulouse. — Ce que leur disait le général Ducrot. — Le Frère Néthelme victime des Prussiens. — A la Plâtrière. — Un hommage du docteur Lanzenberger. — Les Frères à la bataille de Champigny. — La conduite des Frères. — Les Frères de Nîmes. — Le Frère de Rethel. — Le Frère Honorius martyr. — L'opinion du docteur Horteloup. — Un hommage à l'Académie française

ARLANT de l'ambulance de l'école des Frères, rue Raynouard, le général Ambert a écrit (1) :

« Avant de pénétrer dans la maison, le visiteur traverse un jardin bien dessiné, et, lorsqu'il veut sortir, il est séparé de la rue par une immense cour plantée d'arbres.

(1) *Récits militaires* (Bloud. et Barral).

» L'ambulance, installée dans les dortoirs et les classes, contient cent lits.

» Ouverte le 9 septembre, cette ambulance a soigné jusqu'au 7 décembre six cents malades ou blessés. Presque tous les lits sont constamment occupés. Le médecin en chef est M. le docteur Villette, ancien chirurgien en chef de la marine, à Pondichéry, homme de cœur et de talent ».

*
* *

Les Frères des Écoles chrétiennes, les Sœurs de charité ont bien été les glorieux et humbles martyrs de la patrie française à l'heure solennelle de l'invasion.

Quand la France envahie fit appel au dévouement de ses enfants, le *T. H. F. Frère Philippe* adressait, dès le 15 août 1870, au ministère de la guerre, la lettre suivante :

« Monsieur le Ministre,

» Malgré les travaux de l'année scolaire, opérés sous les excessives chaleurs qui ont eu lieu pendant l'été, nos Frères veulent profiter du temps des vacances pour payer à la patrie un nouveau tribut de dévouement.

Le T. H. Frère Philippe,
Supérieur général des Frères de la Doctrine chrétienne.

» En conséquence, monsieur le Ministre, je viens mettre à votre disposition tous les établissements libres que nous possédons, tels que : Passy, Saint-Omer, Thionville, Dijon, Beauvais, Dreux, Lille, Reims, Lyon, Chambéry, Le Puy, Béziers, Toulouse, Marseille, Avignon, Rodez, Nantes, Quimper, Tours, Orléans, Moulins, Clermont, notre Maison-Mère, rue Oudinot, à Paris, etc., etc., en ce qui nous concerne, les maisons et écoles communales que nous dirigeons dans toute l'étendue de l'Empire, pour être transformées en ambulances.

» Tous les Frères qui dirigent ces établissements libres et publics s'offrent pour prodiguer leurs soins aux malades et aux blessés qui leur seront confiés.

» Les soldats aiment nos Frères, et nos Frères les aiment; un grand nombre d'entre eux, ayant été élevés dans nos écoles, seront heureux de recevoir des soins inspirés par le zèle et le dévouement de leurs anciens maîtres.

» Les membres de mon conseil, nos Frères visiteurs et moi-même, oubliant nos fatigues et les nombreuses années que nous avons consacrées à l'éducation de la classe ouvrière, nous nous ferons un devoir de surveiller ce service et d'encourager nos Frères dans cet acte de charité et de dévouement.

» C'est dans ces dispositions que j'ai l'honneur d'être, monsieur le Ministre, de Votre Excellence le très humble et très obéissant serviteur.

» Frère PHILIPPE. »

***

L'appel du Frère Philippe fut entendu et tous répondirent à l'appel. Ce fut dans toutes les villes où il y avait des Frères une généreuse émulation.

Les Frères de Passy, rue Raynouard, ouvrent, le 9 septembre, une ambulance où, sous la direction de leur supérieur, le *Frère Libanos*, ils soignent six cents soldats malades ou blessés. Ils sont aidés par le docteur Villette, ancien chirurgien en chef de la marine.

Toutes les douceurs imaginables sont prodiguées aux soldats de l'ambulance.

Le service est fait par les Frères des Écoles chrétiennes, qui sont admirables de dévouement. Leur supérieur, le Frère Libanos, porte le simple vêtement des Frères ; il est modeste, et l'homme du monde, en le voyant, se croit en présence d'un magister de village, bon pour apprendre à lire aux petits enfants du laboureur. Mais non, Frère Libanos (1) est un savant dont la place serait aux académies; il a un esprit fin et délicat; sa conversation est des plus intéressantes, et les mondains spirituels (fort rares d'ailleurs) ne rencontrent pas souvent dans les salons des causeurs aussi pleins de charme que le Frère Libanos, dont nous conservons toujours un touchant souvenir.

Il est inutile de dire comment les blessés sont soignés dans l'ambulance des Frères. Ce ne sont pas de soins matériels seulement dont les malades sont entourés, mais de ces tendresses vraiment maternelles qui réjouissent le cœur et font aimer l'homme.

*
* *

A Verdun, dès le 24 avril, au commencement du bombardement, les Frères se rendirent aux remparts pour relever les morts et secourir les blessés. Ils établirent une ambulance où quatre d'entre eux moururent : l'un de fatigue, un de la petite vérole et deux autres d'affections inflammatoires.

Après la capitulation de Verdun, les Frères recueillirent dans les maisons les enfants de troupe des 57e

(1) Mort pendant l'année 1884.

et 80ᵉ de ligne, du 5ᵉ chasseurs qu'ils gardèrent durant cinq mois.

* *

Dès le 12 août, le *Frère Paul de Léon*, directeur des Écoles chrétiennes de Dijon, mettait ses pensionnaires et tous ses Frères à la disposition du préfet pour recevoir et soigner des soldats blessés.

* *

A Poursu-Saint-Rémy (dans les Ardennes) ; les Frères ouvrirent une ambulance où ils soignèrent 55 blessés français et une quarantaine d'Allemands.

Le Frère supérieur faillit être fusillé à la suite d'une attaque des Prussiens par les francs-tireurs, le 31 août 1870.

A Dieppe, sur la proposition du sous-préfet, les Frères des Écoles s'emploient dans la citadelle à la fabrication des cartouches, ou ils travaillent sous la direction de M. Beaudot, commandant d'artillerie.

A Dreux, les Frères créent une ambulance sous la direction du *Frère Apollonis*. Ils eurent d'abord 24 lits, puis 80. Le 25 novembre ils soignaient 100 blessés, tant Allemands que Français.

*
* *

A Marseille, dès les premiers jours de septembre, le *Frère Trivier*, directeur du Pensionnat des Frères, offrit 60 lits.

Six Frères étaient spécialement attachés à l'ambulance. Le nombre des malades qui furent soignés s'éleva à 183.

*
* *

A Caen, les Frères soignèrent plus de 700 blessés et, le 7 mars 1871, le maire écrivait au Frère directeur :

« ... Permettez-moi de vous remercier du concours empressé et dévoué que vous et vos Frères vous avez donné dans les circonstances si douloureuses que nous venons de traverser. L'esprit de charité vous a inspirés, comme toujours. L'administration municipale vous en exprime sa vive reconnaissance.

» Croyez, monsieur le Directeur, à mes sentiments respectueux et dévoués.

» Roulland. »

A Alençon, les Frères vont sur le champ de bataille ramasser les blessés du combat que soutint le général Lipowski, le 15 janvier. Le 16 ils rentrèrent et le 17 ils

vont, accompagnés de M. Grollier, ancien député, relever et ensevelir les morts :

« Les Frères d'Alençon, écrivait la *Semaine religieuse de Séez* (1), se sont montrés les dignes émules
de ceux de Paris. Leur belle conduite a excité l'admiration de tous les cœurs honnêtes..... »

A Toulouse les Frères, aidés des bonnes Sœurs de
l'Espérance, soignèrent dans leur ambulance 184 soldats. Ceux du Pensionnat Saint-Joseph reçurent 234
blessés. Le service était fait par les Frères *Jécomène,
Hector, Ligaire, Jusius, Zabdias.*

Rapportons ce fait qui honore le Frère Jécomène : Un
mobile de Marseille avait été blessé au bras. Le docteur Voluires jugeait l'amputation nécessaire. Une nuit
une violente hémorrhagie se déclare. Le Frère Jécomène accourt, arrête l'épanchement et sauve le blessé
déjà en syncope. Quand, le 27 février, l'archevêque
passait à travers les salles pour s'informer de l'état des
malades, le Marseillais accourut au-devant de lui et,
sans attendre son tour, s'écria avec une brusquerie
toute méridionale en montrant le Frère Jécomène :
« Monseigneur, voici le bon Frère qui m'a sauvé la vie. »

(1) 2 février 1871.

A Verdun, les Frères se rendirent aux remparts pour relever
les morts et secourir les blessés. (Page 285.)

* *

Les Frères suivirent à la lettre l'enseignement de l'Imitation. L'un d'eux est blessé deux fois à la jambe et au bras par une balle qui le frappe pendant qu'il relevait un soldat.

Ils sont tellement héroïques jusqu'à l'imprudence que le général Ducrot, qui passait à cheval, les voyant autour d'une batterie criblée d'obus et où ils relèvent les blessés, leur crie : « Mes Frères, vous vous êtes trop imprudemment avancés. Il y a là trop de danger, retirez-vous ! »

Un capitaine blessé était resté sans secours à quelques mètres des Prussiens ; quatre Frères se précipitent et le ramènent dans les lignes françaises. Ému jusqu'aux larmes, le capitaine passe son bras au cou de l'un d'eux et l'embrasse avec une touchante effusion.

* *

C'est au Bourget où, à travers la mitraille, les Frères accomplissaient leur pénible devoir, que fut frappé mortellement le *Frère Néthelme*, de son vrai nom Jean-Baptiste Baffé (1). Le cortège des Frères venait de sor-

(1) Il était professeur de la première division à l'établissement de Saint-Nicolas.

tir de la commune ; aucune troupe française ne l'accompagnait, un des Frères portait en tête le drapeau de la convention de Genève ; ils avaient à peine fait cent mètres que les troupes prussiennes tirèrent sur eux. C'est là que F. Néthelme reçut une balle dans la poitrine et qu'il tomba, tachant de sang la pauvre robe noire de ses Frères.

Après trois jours de grandes souffrances supportées avec résignation, le frère Néthelme rendit sa belle âme à Dieu. Son corps fut transporté à Paris et exposé pendant un jour dans une chapelle ardente, à la maison Saint-Nicolas.

Le comité des ambulances de la Presse voulut s'associer à ce deuil de famille. Dans une lettre adressée au frère Philippe, M. de la Grangerie disait :

« Le comité me charge de vous exprimer combien il est touché de cet événement si triste pour vous et pour vos frères, mais aussi si glorieux pour votre ordre, qui continue sous votre direction ses traditions anciennes de dévouement et de charité sans bornes. Nous vous remercions, monsieur le supérieur général, d'avoir devancé l'expression de nos sentiments, en nous associant dans les lettres de faire-part aux personnes qui regrettent le plus le Frère courageux que vous avez perdu. Nous assisterons tous aux obsèques du frère Néthelme ; je donne des ordres pour que tout le personnel médical et administratif de nos ambulances fixes et mobiles vienne également rendre un dernier hommage à ce vaillant martyr de notre œuvre, qui nous montre à tous l'exemple à suivre ».

Répondant à cette lettre, le Frère Philippe remerciait les membres du comité et les assurait de la disposition des Frères à « continuer avec un nouveau courage l'œuvre de charité et de dévouement à laquelle ils avaient été associés ; trop heureux, ajoutait-il, si par de nouveaux sacrifices il nous était donné de mettre fin aux douleurs de la patrie. »

Le pauvre Frère si brutalement frappé par une balle prussienne avait trente-et-un ans.

Sur son cercueil on put voir sa soutane noire tachée de sang, et le brassard à la croix rouge de Genève qui aurait dû le protéger contre la stupide balle prussienne (1).

(1) « Ceux qui viendront après nous ne pourront se figurer qu'à la fin du dix-neuvième siècle on ait conçu et annoncé hautement, à l'applaudissement de certains partisans de progrès, le dessein de chasser de l'enseignement en leur refusant de quoi manger, *des hommes dont la France tout entière a acclamé la conduite pendant la guerre,* des hommes qui ont arraché à l'ignorance des milliers de créatures humaines... »

.·.

« A la Plâtrière, raconte M. Zézierski, nos tirailleurs, à couvert dans les tranchées, tirent toujours sur le bouquet d'arbres espacés sur la pente opposée du ravin ; de ce point, les balles prussiennes arrivent en essaim sonore et dépassent presque Champigny. Une ambulance est là, qui transporte des blessés sur des brancards ; deux porte-drapeaux agitent en l'air la croix de Genève pour avertir l'ennemi. La fusillade continue. Les ambulanciers n'abandonnent pas les blessés ; ils franchissent, avec leurs fardeaux, cinq ou six cents mètres de pente, à découvert sous le feu. »

« Quant aux Frères des Écoles chrétiennes, dit un Anglais, ils semblaient vraiment le corps d'élite — la vieille garde (*od guard*) des infirmiers ; leur activité était prodigieuse (*prodigious*). On les reconnaissait bien à leur grand chapeau rond, à leur rabat blanc, à leur longue robe noire, courant sur tous les points du champ de bataille, assistant les mourants, emportant les blessés, en un mot accomplissant l'œuvre dont ils s'étaient chargés, comme les plus braves et les plus dévoués des hommes.

» J'en ai vu un qui avait ramassé un obus et, comme un soldat lui criait de prendre garde, parce que cet

obus venait justement de tomber et pouvait éclater,
le Frère, au lieu de le jeter au plus vite, ce que neuf
civils sur dix n'auraient pas manqué de faire, eut la
présence d'esprit de le poser doucement à terre avec
autant de sang-froid que s'il se fût agi d'un œuf ; et se
tournant vers nous, qui faisions au projectile une mine
assez piteuse (n'étant pas sans doute aussi bien pré-
parés que le bon religieux à être mis en morceaux), il
nous dit tranquillement qu'il est très dangereux de
laisser tomber ça trop lourdement, parce qu'il y aurait
alors explosion. »

*
* *

Le docteur O. de Lanzenhagen écrivait : « Les hauts
faits et les traits d'héroïsme chrétien de ces hommes
ont déjà retenti dans tous les cercles de la capitale, et
il est presque surperflu de redire leurs exploits, dont
l'éclat n'a d'égal que la modestie, l'abnégation et le
dévouement avec lesquels ils procèdent. Leur conduite
commande le respect, et leur exemple convertirait à la
religion et à la vérité tous ceux qui doutent ou que le
scepticisme égare. Pour ma part, tout hérétique que je
suis, j'ai été saisi d'étonnement et d'admiration devant
les faits dont j'ai été témoin, comme tant d'autres

de mes confrères, à Champigny, à Villiers, à Petit-Bry, etc. (1).

***

« Laissez-moi vous dire, écrit le docteur Decaisne au Frère Philippe, combien je suis heureux de voir la presse hostile déposer les armes devant l'admirable dévouement de vos religieux. Je m'en réjouis de tout mon cœur et de toutes mes forces pour la grande et sainte cause que nous servons ensemble. »

***

Le jour de la bataille de Champigny, le directeur des Frères de Montrouge réunit ses Frères au pied de l'autel de leur petite chapelle et, prenant l'initiative de Notre-Seigneur Jésus-Christ, il leur dit ces belles paroles :

« Courage, mes Frères ! poursuivons ensemble notre route : Jésus sera avec nous. Il sera notre soutien, lui qui est notre guide et notre chef. Oui, voilà notre roi qui marchera à notre tête et qui combattra pour nous. Suivons-le avec courage ; que personne ne craigne rien d'effrayant. Soyons prêts à mourir généreuse-

(1) Le docteur de Lauzenhagen était protestant.

ment dans ce combat, et ne souillons point notre gloire par une fuite honteuse (1). »

*
* *

Quand M. de la Grangerie, secrétaire des ambulances de la Presse, eut obtenu une suspension d'armes de trois jours, ce furent les Frères qui, sous la direction du cher Frère Clémentin, allèrent dans les lignes prussiennes chercher les cadavres français pendant que d'autres Frères creusaient des tranchées pour les ensevelir.

Un officier supérieur prussien, apercevant le Frère Clémentin et ses fossoyeurs improvisés, fit le salut militaire et dit à son état-major :

« Messieurs, nous n'avons rien vu d'aussi beau jusqu'ici. »

Quand les tranchées furent comblées, les Frères s'agenouillèrent pieusement et récitèrent le *De Profundis*, dernier adieu aux pauvres soldats de la France !

Nous ne pouvons résister au désir de citer à ce sujet une page du beau livre de M. J. d'Arsac (2) :

« Les voitures, chargées de Frères que ces rudes exercices ont bien fatigués, rentrent à pas lents dans

(1) L. III, ch. LVI, v. 5.

(2) *Les Frères pendant la guerre,* par J. d'Arsac.

Paris sous les flocons de neige qui présagent une journée rigoureuse. Quelques-uns des Frères, toutefois, ayant voulu achever un travail commencé, ont été laissés par les cochers, ennuyés d'attendre. Les bons Frères sont revenus à pied, mourant de faim, à Joinville-le-Pont, et de là à Paris. On n'a su que par hasard leur mésaventure. Alors même qu'on les oublie, ils ne réclament pas ; aucun d'eux n'avait ouvert la bouche pour se plaindre.

» Le lendemain, la terre est entièrement recouverte d'un manteau blanc. La neige, tombée en abondance pendant la nuit, s'est glissée partout ; elle garnit tous les points obscurs, tous les détours de la route qui mène de Vincennes à Champigny. Le froid est vif et glace le regard. Le convoi des Frères, avec les fourgons chargés d'outils et de chaux vive, longe des chemins sans trace et sans issue, traverse un paysage éblouissant et terne à la fois, comme un souvenir terrifiant de la retraite de Moscou.

» Des groupes de soldats disséminés çà et là, des campements dont la fumée traverse avec peine l'atmosphère grise et sombre, tout un attirail de guerre, tout un mouvement militaire complètent cette ressemblance et ce tableau dont l'image navre de douleur.

» On arrive enfin au lugubre rendez-vous. On se dispose pour l'enlèvement des derniers cadavres ; les fosses à moitié remplies par la neige de la nuit sont déblayées, et on reprend courageusement l'œuvre des deux premiers jours. Les morts arrivent par charretées.

» On procède à la vérification des numéros matricules, à défaut d'indications plus précises. Chaque rangée, aussitôt après avoir été reconnue, va prendre sa place à côté des autres.

» Ce pâle linceul qui recouvre le sol, ces arbres décharnés qui étendent les bras vers le ciel, ces trous béants où les cadavres, raidis et blêmes, dorment du dernier sommeil sur un lit de chaux, ces ombres noires qui se profilent violemment sur le fond blanc ; tout, dans cette nature et dans ce mouvement, concourt à une mise en scène extraordinaire, impossible à oublier pour le petit nombre de ceux qui l'ont vue.

» Nos soldats sont couchés dans leur vêtement de combat, les pieds nus. Comme ils sont tombés fièrement ! Les cadavres, tout gisants qu'ils sont, expriment encore la vaillance. La face de plusieurs a une expression de sombre énergie.

» Les Frères ont été admirables devant le feu ; mais

c'est ici, au milieu de ce champ solitaire, qu'il faut les voir, en face de la mort, graves, calmes, respectueux et doux. Le Frère *Clémentis*, qui commande, donne les ordres d'une voix nette, sans paroles inutiles ; il fait signe aux voitures d'avancer ; il mesure la profondeur de la fosse ; il indique comment les corps doivent être disposés, il met un ordre parfait dans tous les mouvements qui s'exécutent. »

Laissons un instant la parole au Frère directeur de Montrouge.

« Pour moi, écrit-il, plus fort, plus robuste que les autres, je montai dans un fourgon de la maison Potin, et revins battre la campagne de Champigny, Petit-Bry et Tremblay.

» Arrivé sous le plateau de Noisy, où de nombreux blessés poussaient des cris de douleur et de désespoir, un soldat qui détachait un morceau de viande d'un cheval tué le matin, me dit que les Prussiens n'avaient pas permis qu'on les enlevât, et que, si j'allais plus loin, je serais fait prisonnier. Mon désir de porter secours à ces braves soldats me faisait marcher quand même, mais, après quelques minutes, un feu de patrouille me barre le chemin et me fait croire à la parole du soldat maraudeur. Il était une heure du matin. Je revins donc l'âme triste et le cœur brisé, en pensant que ces malheureux gisaient là, sur la terre qui s'abreuvait de leur sang, par un froid rigoureux, et sous l'œil inquiet de l'ennemi.

» L'homme qui conduisait ma voiture avait peur, et ses chevaux, arrivés de la veille, ne voulaient plus marcher. Je les laissai sur la route, et, une lanterne à la main, je courus les chemins, les bois, la plaine, mais je ne rencontrai que des cadavres.

» J'appelais et je prêtais l'oreille ; un silence de mort régnait partout.

» Enfin j'allais aux feux pétillants où bivouaquaient nos soldats, et j'appris que, sur les hauteurs, dans une maison restée debout, plusieurs blessés avaient été apportés à la fin du jour. Là, en effet, des hommes trouvés dans les fossés, derrière quelque talus, au pied d'un mur où ils s'étaient traînés, pour y mourir peut-être, attendaient, calmes et résignés, qu'on vînt à leur secours.

» Parmi eux était un brave Vendéen que je reconnus. Il avait été blessé la veille, à neuf heures du matin, et c'est moi-même qui l'avais relevé et déposé à l'ambulance volante.

» Un mouvement de troupes et l'encombrement l'avaient fait oublier ; combien ce pauvre enfant a dû souffrir sur le bord du fossé où il était resté toute la journée !

» Ces infortunés étaient au nombre de vingt-et-un. Heureusement la Providence ne m'avait pas envoyé seul à leur secours ; deux autres voitures avaient précédé la mienne. Nous les y plaçâmes aussi doucement et commodément que possible, et nous partîmes.

» Nos voitures se suivaient. Sur le haut de Joinville, un obus prussien vint éclater près de nous, éteignit nos lampes, mais sans nous faire aucun mal.

» A quatre heures et demie du matin, nous étions à Paris, dans la rue Saint-Antoine, cherchant à loger nos vingt-et-un blessés, car toutes les ambulances du quartier avaient été remplies la veille. Nous leur trouvâmes un gîte cependant, et aussitôt je repartis pour Champigny.

» Mais qu'étaient devenus les malheureux blessés dont les cris m'avaient fendu l'âme, sans que je pusse les secourir ? J'allai sur le plateau de Noisy, et là, plus de quatre-vingts cadavres me redirent la cruauté des ennemis.

» Les uns étaient morts dans des contorsions horribles, grattant la terre et arrachant l'herbe autour d'eux ; d'autres, les yeux ouverts, le poing fermé, semblaient terribles et menaçants. Quelques-uns, les mains levées vers le ciel, annonçaient, par la régularité de leurs traits, qu'ils avaient expiré dans le calme et la résignation, peut-être même en pardonnant à leurs bourreaux les tortures morales et physiques qu'ils enduraient. »

*
* *

« Presque chaque jour, à écrit le général Ambert, un vieillard à cheveux blancs, le *Frère Philippe*, allait conduire sa généreuse phalange aux fortifications ; puis lentement, les larmes aux yeux, il reprenait le chemin de sa demeure. « Ils partent nombreux et » forts, se disait-il, mais nous retrouverons-nous tous » ce soir ? » S'il éprouvait une inquiétude bien naturelle, il se montra digne de ses fils en recevant avec effusion de cœur, le soir même du 30 novembre, quatre-vingt-cinq blessés qui arrivèrent rue Oudinot, entre huit et dix heures du soir. Les lits manquaient, les brancardiers n'étaient pas encore revenus, et, par suite d'un malentendu regrettable, on supprima ce soir-là le gaz dans tout Paris, mesure qui ne devait avoir lieu que le lendemain. Ce fut donc à la lueur des cierges de la chapelle qu'on s'organisa, avec une charité ingénieuse, pour accueillir et soulager le mieux possible nos pauvres soldats.

» A onze heures du soir seulement, la plupart des brancardiers arrivèrent, les membres brisés mais l'âme sereine. N'avaient-ils pas sauvé la vie à bon nombre de leurs compatriotes ? Plusieurs d'entre eux étaient même légèrement touchés par des éclats d'obus.

» Le 1er décembre, par un froid de 9 degrés, le Frère Philippe, quoique souffrant d'une attaque de goutte, accompagne de nouveau les siens à la Bastille ; mais un armistice, conclu le matin, les condamnait jusqu'au soir à l'immobilité. Il n'en fut pas ainsi le lendemain (2 décembre).

» Nos avant-postes ayant été attaqués avant le jour, depuis Champigny jusqu'à Bry-sur-Marne, nos troupes avaient soutenu le choc de forces considérables avec un grand courage. Après une lutte acharnée, nos batteries réussirent à arrêter l'ennemi sur le plateau. Inutile de répéter que là encore les Frères remplirent leurs fonctions avec une simplicité héroïque.

» Leurs voitures arrivèrent à neuf heures du matin à Joinville. De là ils se rendent, pour la troisième fois, à la fourche des chemins de Villiers et de Champigny ; puis, se divisant en groupes nombreux, ils vont sur-

A la même minute, un obus éclatant aux pieds du Frère atteint le
zouave, qui tombe entre les bras de son maître. (Page 307.)

20

tout aux endroits où la lutte semble être plus opiniâtre, c'est-à-dire où ils trouvent le plus de victimes.

» Un zouave, ancien élève des Frères, aperçoit un de ses professeurs et court lui serrer la main. A la même minute, un obus éclatant aux pieds du Frère atteint le zouave, qui tombe entre les bras de son maître.

» Celui-ci emporte aussitôt le blessé à une grande distance, au péril de sa vie. Dieu le protégea, et le blessé put guérir. »

En récompense des services rendus par les Frères, on avait donné le nom de Frère-Philippe à une rue de Paris. Mais le Conseil municipal de Paris, devenu franc-maçon et athée, s'est dépéché de faire effacer ce nom. C'est ainsi que les chrétiens sont récompensés(1).

(1) Admirateur passionné de la méthode révolutionnaire, le Conseil municipal de Paris ne manque point à la tradition, a dit M. O. Havard. Pour quelle idée nos échevins affichent-ils le plus grand enthousiasme? Pour la diffusion de l'enseignement populaire. Une modeste rue de la rive gauche porte depuis six ans le nom de l'homme qui, de nos jours, a le plus fait pour l'instruction des masses; nous voulons parler du Frère Philippe. A la mort de cet éminent éducateur, l'Institut des Frères comptait, rien qu'en France, 12,000 maîtres, 7,767 classes et 360,000 élèves. A l'étranger et dans les colonies, 205 maisons concouraient au prestige du nom français. Ce n'est pas tout : le Frère Philippe a d'autres titres encore à la reconnaissance de la démocratie; il a fondé les classes d'adultes; il a posé les bases de l'enseignement du dessin, tel qu'il se pratique aujourd'hui dans toutes les écoles

Et cependant le journal républicain *le Soir* écrivait pendant la guerre :

« Un des grands sujets de conversation parmi les soldats, c'est la *conduite des Frères*. Ces hommes noirs qui, calmes, stoïques, marchent au milieu des balles, portant les blessés, remplissent nos soldats d'admiration. Il faut dire que ces deux cents Frères ont donné l'exemple d'un courage réel. Plus de dix fois nos généraux ont dû les forcer à attendre que la fusillade fût finie pour aller relever les blessés.

» Ainsi, l'Institut des Frères a fourni deux cents infirmiers dont la robe noire se montre partout, au mépris du danger. Rendons hommage à leur bravoure. »

*
* *

A Nîmes, au mois de décembre 1870, *Mgr Plantier*, de concert avec le maire de Nîmes, M. *Démians*, fonda

officielles ; il a réorganisé l'œuvre de Saint-Nicolas ; il a fourni des ambulanciers à toutes les ambulances pendant la guerre. Bref, sous son impulsion, l'instruction primaire a pris un développement inouï. Eh bien ! que fait le Conseil municipal ? Il biffe le nom du Frère Philippe et lui substitue celui d'Auguste Comte. Auguste Comte a-t-il donc fondé plus d'écoles ? A-t-il créé des colonies agricoles et des orphelinats ? A-t-il ramassé dans la boue les enfants du peuple et en a-t-il fait des citoyens honorables et utiles ?

une grande ambulance dont il confia la direction au *Frère Sophonie*, directeur des Écoles chrétiennes, qui, avec neuf de ses Frères, soigna pendant trois mois près de 300 soldats malades.

Un procureur de la République, M. Flouest (1), écrivait sur leur compte :

« L'ordinaire si confortable de l'ambulance *comportait*, de temps en temps, des *extras dus à l'affectueuse sollicitude des bons Frères*. Ils ne s'en montraient point avares, et pour peu que le docteur n'y vît pas d'inconvénients, tout leur était prétexte pour ménager à leurs chers malades de petites surprises gastronomiques. Un jour de fête, une entrée en convalescence après de longs jours de souffrances et d'inquiétudes, l'arrivée d'un nouveau convoi, le départ de pensionnaires déjà vétérans de l'ambulance, se traduisaient par l'adjonction ou la substitution de quelques friandises de bon aloi au menu réglementaire de la cuisinière. C'était merveille alors de voir sortir du petit dortoir que les Frères s'étaient improvisé des tasses de chocolat, de cacao, des crèmes de riz, des pots de confitures de toutes formes et de toutes les couleurs, les produits les plus odorants de l'art du confiseur,

(1) Témoin peu suspect.

quelquefois même de fines bouteilles de vin vieux ou
de liqueurs stomachiques, et toujours, dominant l'ensemble, des cigares de tous les échantillons et de toutes
les marques, joints à de gros paquets de tabac dont
l'inépuisable abondance aurait permis à l'Institut de
faire concurrence à l'Entrepôt des tabacs.

» Et avec quel généreux empressement, quelle
franche cordialité, quelle joie communicative tout cela
était apporté, offert et distribué, sans que la vertu de
prudence, si nécessaire à l'infirmerie, perdît jamais
rien de ses droits! On sentait que les chers Frères
n'aspiraient qu'à faire largesses, afin de fournir aux
enfants de leurs classes une occasion nouvelle de
s'initier, en les ravitaillant, aux œuvres de charité.
C'était, en effet, par leur intermédiaire qu'ils se pro-
curaient toutes ces provisions de luxe, interdites au
budget de l'ambulance.

. . . .

» Aussi, comme on l'aimait le cher Frère! comme
on demeurait volontiers sous sa surveillance, et comme
on s'efforçait d'en prolonger le cours! Sans doute,
l'obligation de se séparer de lui finissait toujours par
s'imposer; mais alors quelle cordialité, quelle gratitude dans l'adieu, et comme on voyait bien, à l'émo-

tion qu'ils manifestaient, que tous ces hommes sentaient eux-mêmes qu'ils venaient de se retremper dans un bon milieu, et qu'ils s'en allaient meilleurs qu'ils n'étaient venus.

. . . .

» Le concours des Frères de la Doctrine chrétienne a été on ne peut plus profitable à cette ambulance. C'est à lui surtout qu'elle a dû, avec un cachet particulier, la plupart des sympathies qu'elle a recueillies. Le conseil d'administration, qui a pu le constater chaque jour, est heureux de le reconnaître et d'exprimer aux bons Frères sa reconnaissance. Ses membres garderont chèrement le souvenir des modestes et solides vertus dont ils sont rendus témoins, et celui qui trace ces lignes s'honorera toujours de la toute petite part de collaboration qui lui a valu leur amitié..... »

C'est à cette ambulance que le cher *Frère Péréal Gabriel* attrapa les germes de la petite variole qui devait l'enlever.

A ce sujet, la *Gazette de Nîmes* du 30 janvier 1871 disait :

« Dans sa séance d'hier, la commission municipale a décidé que les funérailles du Frère Gabriel auraient lieu aux frais de la ville, pour ceux au moins des pompes funèbres, le clergé ayant renoncé à tout droit de fabrique. Ce pieux hommage rendu au dévouement et à l'abnégation de nos infirmiers sera compris par tous.

.   .   .   .

» Ainsi, pendant que les Frères des Écoles chrétiennes, sous la direction du vénérable Frère Philippe, leur supérieur général, sont, à Paris, frappés par les balles ennemies, en allant ramasser nos morts et nos blessés sur le champ de bataille, d'autres meurent aussi sur le champ d'honneur dans les ambulances... »

A Réthel, c'est le *Frère Béronien* qui meurt victime de sa charité. Il avait gagné le typhus en soignant les blessés qui, au nombre de 180, se trouvaient dans l'ambulance des Frères.

Dix Frères étaient attachés à cette ambulance qui reçut pendant la guerre plus de 800 soldats.

A Reims, l'ambulance des Frères a soigné 1,500 soldats, dont près de 1,200 Allemands. Sur les 28 Frères qui y étaient attachés, il y en eut 6 qui furent malades très gravement. Pour les récompenser, des uhlans voulaient encore loger des écuries dans leur maison.

* *
*

C'est à l'ambulance des Frères de l'École libre de Clamecy que tomba malade, pour ne plus se relever, nouvelle victime du dévouement aux varioleux, le *Frère Honorius martyr*. Les *Frères Judes, Huras, Gildard, Niviéré*, admirables de zèle, étaient remerciés publiquement par un inspecteur général des hôpitaux militaires qui, après une visite à leur ambulance, les appela devant tous « les plus vertueux des hommes. »

Dans cette ambulance, les Frères soignèrent plus de 200 soldats variolés et ne les quittèrent jamais.

* *
*

A Pauillac, dans la Gironde, les Frères soignaient les soldats malades de l'armée de la Loire.

« Pour nous soutenir, écrivait le *Frère Joscéranus* au supérieur le Frère Philippe, nous songions au dévouement, au courage que vous et nos chers Frères de Paris montriez sur les champs de bataille, aux environs de la capitale. Pouvions-nous reculer devant un tel exemple ? Les enfants pouvaient-ils ne pas marcher sur les traces de leur père ? »

* *
*

Le lendemain de la bataille de Loigny, ce sont les

Frères de Chartres qui donnent leurs soins dévoués aux Allemands apportés à l'ambulance de l'école Saint-Ferdinand qui reçoit 175 Bavarois.

Les ambulances de la ville d'Étampes eurent de nombreux blessés allemands à soigner. Pendant deux mois, la maison des Frères fut un vaste hôpital qui reçut jusqu'à 1,080 blessés, et, pour récompense, les Frères se virent voler par les Prussiens des matelas, des couvertures, des ustensiles de cuisine.

Le savant *docteur Horteloup*, médecin honoraire de l'Hôtel-Dieu de Paris, a vu les Frères des Ecoles chrétiennes à l'œuvre pendant la guerre et il a écrit sur eux ces lignes touchantes : « Appelé par mon ami M. Ricord à faire un service dans la Maison-Mère des Frères des Ecoles chrétiennes dit-il j'ai été, pendant sept mois en contact avec un personnel qui a souvent varié ; mais quels qu'aient été les Frères qui m'ont bien voulu seconder dans les soins à donner aux malades qui m'étaient confiés, je n'ai eu que des éloges à donner à tous. Il est impossible de montrer plus de zèle, plus de dévouement, plus d'abnégation. Beaucoup de novices, qui n'avaient jamais approché du lit d'un malade, ont réclamé l'honneur dangereux de rester jour et nuit dans nos salles.

» Ce qui m'a le plus frappé dans ces jeunes hommes chargés de soins si nombreux et si pénibles, c'est la simplicité et la bonne humeur avec laquelle ils rendaient ces services. C'était avec la même simplicité qu'on voyait le matin se former les escouades destinées à aller sur le terrain, les jours de combat, ramasser les blessés sous la conduite d'un Frère assistant.

» *Je garde pour tous ces hommes si simples et si calmes le meilleur et le plus affectueux souvenir.* Tous les étudiants qui m'entouraient, à titre d'élèves, ont les mêmes sentiments ; souvent je me suis entretenu avec eux, et je les ai toujours trouvés dans les mêmes idées.

» Plusieurs de ces étudiants, tombés malades, ont reçu des Frères les soins les plus dévoués.

» Jamais nous n'avons vu que le zèle religieux ait été indiscret chez les Frères ; je n'aurais rien toléré de ce genre, et me serais retiré. Je n'ai pas eu la plus légère observation à faire à ce sujet ; *la convenance et la discrétion ont été parfaites.*

» J'ai l'air partial en faveur des Frères ; je ne dis que la vérité pure. Je les ai toujours trouvés tels que je viens de le dire, et la mort de l'un d'entre eux n'a rien exalté ni rien diminué de leur calme ni de leur charité simple et, par conséquent, vraiment pleine de dignité. »

*\
\. \.

La ville de Boston avait offert à l'Académie française un *prix pour récompenser les plus beaux actes de patriotisme accomplis pendant la guerre de 1870-1871.*

Quand l'Académie française a voulu distribuer ce prix, ce fut sur les Frères de la Doctrine chrétienne que son choix s'arrêta :

» Nous l'avouons avec fierté, disait le rapporteur, quand il a fallu choisir celui qui en est le plus digne, les faits de courage et de dévouement, d'abnégation et de sacrifice, se sont trouvés si nombreux, que le choix nous a paru impossible. Dans notre enquête, nous n'avons trouvé parmi nous qu'une chose : l'égalité devant le patriotisme. C'est alors que nous avons eu la pensée de donner à ce prix le caractère le moins personnel et le plus collectif possible. *Nous l'avons décerné à un corps entier, aussi modeste qu'il est utile,* que tout le monde connaît, que tout le monde estime, et qui, dans des temps malheureux, s'est acquis une véritable gloire par son dévouement. Nous voulons parler de l'*Institut des Frères des écoles chrétiennes*. Vous savez à quelle carrière ils consacrent leur vie, et avec quel dévouement désintéressé, avec quelle fraternelle simplicité ils l'accomplissent. »

*   *
*

Les *Frères hospitaliers de Saint-Jean de Dieu* ne se dévouèrent pas moins admirablement que les Frères de la Doctrine chrétienne.

Pendant la guerre ils soignèrent à l'hôpital militaire de Nancy, alors transformé en ambulance, les soldats blessés ou malades.

Le typhus régnait à cet hôpital et l'un des Frères mourut de cette maladie contractée au chevet des soldats atteints de cette terrible épidémie.

Dans les différentes maisons des Frères hospitaliers, à Paris, à Lyon, à Dinan, à Lille, des ambulances avaient été installées et on y soigna un grand nombre de militaires.

Deux des Frères de Saint-Jean de Dieu, obligés de rejoindre leurs corps, furent blessés, l'un en pleine poitrine au siège de Paris, l'autre au siège de Metz. Le premier est mort de sa blessure plusieurs années après le siège, et le second est estropié pour toujours.

Plusieurs d'entre eux suivirent aussi l'armée du maréchal de Mac-Mahon en qualité d'infirmiers volontaires. L'un d'eux y contracta une maladie de poitrine dont il est mort. Un autre, s'étant trouvé séparé de ses compagnons, fut pris pour un espion Prussien et arrêté.

La chose s'explique d'ailleurs facilement, car ce Frère, étant de la Lorraine, avait un accent allemand assez prononcé.

Escorté par des soldats il traversa la ville de Sedan au milieu des huées de la populace qui ne lui marchandait ni les insultes, ni les coups. Et il allait être condamné à mort lorsque ses compagnons arrivèrent juste à temps pour le sauver.

Après la guerre, *le supérieur de la communauté des Frères hospitaliers de Saint-Jean de Dieu fut décoré de la Légion d'honneur pour récompenser le dévouement prodigué par ses Frères.*

Comme le Frère Philippe, le supérieur, pouvait fièrement porter cette récompense si noblement acquise.

LE CLERGÉ DE FRANCE EN ALLEMAGNE

SOMMAIRE

QUAND des revers trop nombreux, hélas! s'abattirent sur nos malheureuses armées, quand de toutes parts de pauvres prisonniers prirent le dur chemin de la terre étrangère, on vit un spectacle touchant :

De pauvres prêtres, des aumôniers volontaires, des Jésuites, des Dominicains, des Eudistes, des Picpuciens, des Pères du Saint-Esprit, des Pères de l'Assomption, des Maristes, des Lazaristes, des Carmes, des Franciscains, des Calvairiens, des Oratoriens prirent, eux aussi, volontairement, le chemin de l'exil pour aller là-bas, à travers des centaines de lieues, rejoindre les pauvres soldats de la France, partager leurs misères et leurs souffrances afin de pouvoir encore leur parler de Dieu et de la France.

Plus de quatre cent mille soldats eurent le bonheur d'être secourus, encouragés, par ces volontaires de la religion du Christ.

On ne connaîtra probablement jamais tous les dévouements, tous les actes de charité qui se sont accomplis sur la terre d'Allemagne. L'histoire enregistre plutôt les faits de guerre des grands tueurs d'hommes que les dévouements envers les humbles, les petits, envers ceux qui souffrent et ont besoin d'assistance.

Et cependant le beau rôle n'est pas pour les premiers.

J'ai plus d'une fois questionné de ces pauvres prisonniers revenant d'Allemagne. Quand je leur parlais des aumôniers, des prêtres qui étaient volontairement allés leur tendre la main dans leurs casemates, dans leurs prisons, dans les ambulances, c'était la gorge

Escorté par des soldats, il traverse la ville de Sedan au milieu des huées de la populace... (Page 318.)

21

étranglée par l'émotion ou la voix toute vibrante qu'ils me parlaient avec amour de ceux qui étaient venus vers eux au nom du Christ.

*
* *

Toutes les provinces de l'Allemagne où il y avait des prisonniers français virent arriver nombre de ces grands cœurs, de ces héros que le moyen âge eût sanctifiés.

A Ulm, où les prisonniers sont si nombreux, arrivent pour distribuer des secours précieux les abbés *Baron* et *Veinard*, les RR. PP. *Mathieu*, *Dubray*, *Leveillé de la Grange*, dominicains; les RR. PP. *Pernet* et *Bailly*, des prêtres de l'Assomption de Nîmes; les RR. PP. *Marie*, *Augustin*, *François*, *Régis*, *Gabriel*, de l'ordre de Saint-François; les RR. PP. *de Vasque*, *de Damas*, *Stumpff*, *Staub*, jésuites; les RR. PP. *Strub*, *Bigot*, du Saint-Esprit.

A Cologne, il y a plus de vingt mille prisonniers parqués au camp de Cologne, commandé par le colonel prussien Schalk.

C'est l'abbé *Debras*, d'Arras, qui leur prodigue toutes les tendresses de son cœur de père, toutes les énergies de son grand et indomptable zèle.

A Wœsel, sur les bords du Rhin, il y a plus de

35,000 prisonniers ensevelis dans les casemates et, parmi eux, 1,500 malades. C'est l'abbé *Buthe*, assisté de deux vicaires, qui les soigne et les console avec dévouement.

Le *R. P. de Gerlade*, aumônier des zouaves pontificaux, partait en Allemagne et frappait à toutes les portes pour obtenir la permission d'explorer les ambulances et les sépultures des zouaves; mais ses démarches furent vaines, il fut repoussé de partout.

Un prêtre du diocèse de Metz, M. l'*abbé Jacques*, suit les soldats prisonniers de Metz, internés à Torgau (1), au nombre de huit mille. Là, il s'improvise leur aumônier et les comble de soins et d'affections.

Tous l'aiment comme un père.

Le *R. P. Dufour*, missionnaire du Calvaire, s'installe à Hoben-Asperg (1) où il se fait l'aumônier volontaire des prisonniers français qui sont internés dans ce lieu.

. .

Plusieurs payèrent de leur vie leur beau dévouement.

Le 14 janvier 1871 est mort, à Spandau, le R. P.

(1) Torgau, ville de 10,000 habitants, dans la Saxe, sur l'Elbe.
(1) Wurtemberg.

Marie-Augustin, du Saint-Sacrement, carme déchaussé. Il est mort dans cette ville où il s'était rendu pour organiser le service religieux des prisonniers français.

Comme il se dépensait tout entier à tout ce qu'il faisait, l'œuvre allait très bien ; mais il en est mort (1).

Il faut lire et admirer l'odyssée de l'*abbé Rambaud*, directeur de la cité de l'Enfant-Jésus, à Lyon.

Accouru de Metz à Kœnigsberg, où sont 10,000 captifs français, il fait des prodiges. Il fait construire une chapelle au beau milieu du camp, à la porte du prince royal. Il établit une conférence de Saint-Vincent-de-Paul ; il fonde des ateliers de travail pour les désœuvrés, fait faire des exercices de piété en commun, distribue du vin.

Tout le monde l'aime.

Les autorités prussiennes s'inclinent devant lui, et quand arrive de Berlin l'ordre d'expulser tous les aumôniers français, M. Rambaud est maintenu quand même à son poste.

La lettre suivante, adressée par l'abbé Rambaud à

(1) Paroles de Louis Veuillot. (*Univers*, 8 février 1871.)

M. de Nicolaï, du Comité de Genève, donnera une idée de ses rudes labeurs :

« Quelle heureuse surprise que votre lettre ! Je rentrais, j'entre à tout hasard à la poste, et me voici à la tête d'une multitude de thalers dont bon nombre sont déjà transformés en excellentes chaussettes de laine blanche, en tricots, en très bons pantalons, en bottes. Ici tous ces objets sont à bon marché... Mon plus grand embarras est de savoir à qui donner ; car on ne peut donner à tous, et tous n'ont pas non plus besoin. Mais pour consoler ceux qui ne reçoivent pas ou ne recevront que plus tard, j'ai toujours soin d'avoir avec moi quelque vaste sac de tabac que je distribue à la ronde, et alors tout le monde est content. Les distributions de tabac sont l'objet d'un remuement incroyable dans les casernes ; à la vue de mes sacs, tous sortent de leur lit, car beaucoup dorment de trop longues heures ; ils se lèvent, puis pendant une heure ils m'écrasent de mains et de képis tendus pour recevoir.

» L'autre jour, ne sachant plus comment faire dans la cour de la forteresse Kronprinz, je me réfugie dans une guérite, et peu s'en est fallu qu'elle ne fût renversée.

» Ces distributions ont surtout cela de bon qu'elles me font connaître de tous, car ce n'est pas facile d'atteindre 7,000 soldats. Mais je réjouirai davantage votre cœur, celui de vos amis, en vous racontant que samedi, dans le petit hôpital de Dhane-Turm, dix-huit malades recevaient très pieusement la sainte communion à la messe qu'ils m'avaient demandé de venir leur dire au milieu de leurs lits. Rien de touchant comme cette messe, à laquelle assistaient les infirmiers prussiens eux-mêmes silencieux. Puis, le lendemain dimanche, je disais la messe dans une vaste baraque de briques épaisses où sont campés provisoirement 600 hommes. Des prisonniers de la forteresse voisine s'étaient joints à eux, et 900 hommes au moins entouraient ce pauvre autel fait de tables et de bancs ; des sacs étaient le gradin, et mon crucifix, planté dans un vaste pain de munition, couronnait le tout.

» Le lendemain, j'étais à Pillar, sur les bords de la Baltique, où je trouvai 195 prisonniers tous heureux de ma visite. Fort bien reçu par le pasteur luthérien, je les réunis deux fois dans l'église luthérienne, où je leur dis la sainte messe après avoir chanté des cantiques de France ; et je leur ai promis de revenir après Noël afin de les confesser et de les communier tous.

» En revenant, je trouvai dans la caserne Krans-neck treize cents nouveaux prisonniers pris à Paris, tous bons jeunes gens, gardes mobiles, qui sont rapidement venus à moi ; je leur distribuai papier et plumes pour écrire à leurs parents, copier des cantiques, écrire leurs mémoires de campagne, etc. Puis on a soin des faibles, et enfin, ce matin, jour de l'Octave de l'Immaculée-Conception, notre corridor casematé n'était pas assez long pour contenir tous ceux qui accouraient à la messe, annoncée par une petite affiche collée à chaque porte et par la trompette. Un ténor de Bordeaux, M. Tremale, s'est de suite entouré de camarades, et, je vous l'assure, on a entendu sous ces pauvres voûtes de magnifiques chants.

» Le soir, à une heure et demie, on a recommencé la fête. Il y avait des hommes à perte de vue ; nous avons encore chanté de tout cœur, et je leur ai parlé, comme déjà le matin, de l'amour de Jésus-Christ. Il fait bon en parler maintenant ; je sens qu'ils comprennent mieux.

» En résumé, je crois que cette captivité tournera au salut d'un grand nombre d'âmes ; je ne me résigne jamais à croire que Dieu nous abandonne ; il nous afflige seulement afin de nous forcer à tourner notre

L'autre jour, ne sachant plus comment faire, je me réfugie dans
une guérite... (Page 326.)

cœur vers lui. Beaucoup, parmi nos hommes, commencent à le comprendre ; on jure déjà moins, on est plus calme.

» Tout ce que je demande à Dieu maintenant, c'est une chapelle suffisante au milieu de l'espèce de village qu'on vient de nous bâtir : sept mille hommes, c'est tout un peuple ! »

* *

Résumant la belle monographie sur la captivité à Kœnigsberg, écrite par M. Rambaud (1), le général Ambert nous fait assister, en une page saisissante, à toutes les vicissitudes de sa lointaine odyssée.

« Volontairement placé dans les rangs des prisonniers de Metz, marchant au milieu d'eux, un bâton à la main, M. Rambaud demande en sortant de la ville, à un général prussien, l'autorisation d'accompagner nos soldats, et le général lui répond : « Vous êtes » libre et n'avez pas besoin de permission. Allez, vous » faites bien, très bien ; les autorités prussiennes vous » protégeront. »

» On marche dans la boue tout le jour, et, le soir, un bivouac s'improvise. En atteignant la voie ferrée le lendemain, deux mille hommes montent dans un

(1) *Six mois de captivité à Kœnigsberg*, par l'abbé Rambaud.

immense convoi. La plupart des wagons sont décou-
verts. On fait halte vers neuf heures du soir dans un
grand village.

» En traversant Magdebourg, les prisonniers de
Metz aperçoivent un grand nombre d'hommes qui travaillent aux fortifications. Leurs pantalons garance
attirent l'attention des voyageurs.

» Ils apprennent que ces travailleurs sont les prisonniers de Sedan. Le train s'arrête un instant. Je
saute de mon wagon et demande à la hâte comment
ils se trouvent. Ils me répondent par un concert de
plaintes.

» Ils n'ont pu encore s'habituer à leur nourriture.

» Ils couchent dans de sombres casemates et ne
gagnent que 30 centimes pour neuf heures de travail.

» A Berlin, on offre un repas aux prisonniers. M. Rambaud est émerveillé de voir dans la salle de réception
de belles assiettes blanches et un morceau de pain à
chaque place. Mais on attend cinq heures le service. Le
menu du repas ne méritait guère la présence des personnages de la ville ; soupe au riz, tranche de pain et
morceau de lard cru. Le repas finit à une heure du
matin, par un froid très vif, et en présence d'une foule
de bourgeois et de bourgeoises curieux de voir de près

nos soldats. Plus on s'éloigne des frontières de France plus rudement ils sont traités. On les frappe à coups de fourreau de sabre ou de baguette de fusil.

» Après douze jours de voyage, ils arrivent enfin à Kœnigsberg. Ils traversent la ville, tambours et fifres en tête, sur quatre rangs escortés par toute la population, et sont casernés par escouades de vingt-cinq hommes, conduits ensemble aux plus durs travaux. On voit des zouaves attelés, comme des bêtes de trait, à de lourdes voitures qu'ils ne traînent pas sans efforts inouïs. Vers Noël, l'aumônier devient suspect à son tour. On parle de le congédier et de l'expédier en France. Averti par un pasteur protestant, il obtient l'autorisation de séjour en s'engageant par écrit à ne rien faire contre l'Allemagne. »

*
* *

A Ulm le *R. P. Joseph* est d'un héroïsme touchant. Arrivé le 21 octobre, il se dévoue durant neuf mois. C'était la personnification de la charité française.

« Aucun autre dépôt de nos prisonniers en Allemagne ne fut sagement administré, largement secouru et tendrement soigné comme le sien ; aucun ministère n'y fut plus fructueux. Le P. Joseph devint à Ulm le modèle accompli des aumôniers de l'armée française.

Trois cent quatre-vingt dix-huit de nos captifs s'envo-
lèrent de ses bras dans le ciel.

» ... Durant neuf mois l'héroïque religieux accomplit
des prodiges de charité dont la France reconnaissante
a pu se rendre compte par son bel ouvrage sur la captivité... »

Tout près de la frontière autrichienne, se trouve la
citadelle de Glatz. Elle renfermait près de quatre mille
prisonniers français et plus de six cents malades.
Là étaient venus volontairement apporter les secours de
leur ministère les abbés Cœner et Viole.

* *

La place de Cosel, peuplée de trois mille âmes, raconte monsieur le chanoine Guers (1), a vu tripler ses
habitants par l'arrivée de six mille Français, presque
tous appartenant à la malheureuse armée du Rhin.
Heureusement, dès la mi-décembre, ses campements
étaient supprimés, nos typhoïques et nos varioleux mis
à l'abri, et tous nos soldats logés dans de bonnes ba-
raques. Les Sœurs de Saint-Charles avaient été installées au lazaret. Parmi toutes les personnes qui ont des

(1) *Les Prisonniers français en Allemagne* (Bloud et Barral,
éditeurs).

droits éternels à la gratitude de la France, le comte et la comtesse Praschma sont au premier rang.

Ils se dévouèrent pour eux, obtinrent en leur faveur les plus abondants secours, fondèrent une ambulance au campement de Wiershel totalement délaissé, et couvrirent de leur efficace sollicitude tous nos soldats de Silésie. A la date du 16 décembre 1870, M. Lamarche, aumônier de Cosel et futur évêque de Quimper, nous écrivait :

« Je me hâte de vous annoncer l'heureuse nouvelle que Mgr Namzanowski vient de m'autoriser à rester auprès de nos chers compatriotes. Le ministère de la Guerre a bien voulu accepter ma proposition et je viens de signer mon engagement d'honneur. Dieu soit béni mille fois ! Dans ma vie, je n'ai jamais donné ma signature avec autant de bonheur ! J'ai environ trois cents malades répartis dans trois lazarets. Tous m'accueillent avec joie. J'ai retrouvé beaucoup d'hommes de ma division de Metz, et j'espère avoir avec eux un ministère plus facile. Pauvres chers enfants, que de fois ils ont crié : « Ah ! monsieur l'aumônier ! » Le curé de Cosel n'a fait et ne fera absolument rien pour nous. Il faut me procurer rochet, étole, etc., etc., pour l'administration des sacrements. Je serais bien heureux de pouvoir célébrer aussi la sainte messe ; mais je manque de tout pour cela. Nous venons de passer un temps bien rude pour nos hommes. Ils sont tous maintenant sous un toit, mais il serait très bon pour eux d'être moralement occupés, et ils ne le sont d'aucune manière.

» Avec l'aide des sous-officiers je voudrais établir des classes, lectures, instructions, jeux et distractions. Ah ! bon et cher confrère, que de choses nous voudrions pouvoir faire vous et moi, en ce moment, pour l'intérêt spirituel et moral de ces pauvres enfants ! Au revoir. Priez pour moi et croyez moi tout vôtre. — Théodore LAMARCHE. »

De son côté, un jésuite, le *R. P. de Damas* (1), raconte ainsi les faits dont il a été témoin :

« Au début, dit-il, les privations matérielles s'imposèrent très dures. Nous avons laissé nos soldats dans les boues des environs de Metz, sans abri, presque sans nourriture.

» Bientôt il fallut entreprendre de longues marches à pied, ou des voyages non moins pénibles dans des wagons à bestiaux par une saison rigoureuse, quelquefois sans pain.

(1) *Souvenirs de guerre et de captivité.*

» Oublierons-nous jamais les émotions de pitié, de honte, de douloureuse sympathie qui se heurtèrent dans notre âme à la vue de ces pauvres mobiles en route vers la Baltique! C'était dans les contrées du Nord. Six heures du matin sonnaient au clocher de la vieille église de Bromberg (1), convertie au temple protestant. Terre, arbres, maisons, tout était blanc de neige, et les glaçons pendaient aux toits. Par le même train arrivaient à la fois des blessés prussiens convalescents et des Français de l'armée de l'Ouest. Pour les Prussiens, c'est tout simple, on avait organisé une petite fête. La gare s'offrait à eux festonnée de guirlandes de feuillages du Nord, pavoisée de drapeaux ; les dames leur offraient des gâteaux, du café, tout ce qui pouvait leur faire plaisir. Les Français reçoivent à déjeuner dans une salle à part! Or, quand après l'ovation prussienne il fallut subir le défilé de nos prisonniers, non, de ma vie, je le répète, je n'oublierai la confusion et la douleur poignante dont je fus torturé. Pour un grand nombre, pas même l'habit militaire ; des sabots, des pantalons de toile, des bonnets de coton blanc, des haillons en lambeaux, des blouses de toile

(1) Bromberg, en polonais Bydhgosz, ville prussienne de la régence de Posen : 8,000 Hab.

bleue, le corps amaigri, transi par le froid d'une nuit
en chemin de fer, ils avaient l'air de venir demander
à la Prusse l'aumône d'un vêtement et d'un peu de
pain pour résister à la mort. C'était à fendre le cœur.
Une foule curieuse les regardait sans haine, mais avec
dédain. Je fendis cette foule méprisante et, les larmes
aux yeux, je m'approchai de ces malheureux pour
leur donner le baiser fraternel. Pauvres enfants de la
France, quelle puissance infernale les avait fait tomber
si bas! »

Devant les récits des souffrances endurées par nos
malheureux prisonniers, récits que lui racontaient
les aumôniers revenus d'Allemagne, le *R. P. Perraud*,
de l'Oratoire, poussait ce grand cri d'alarme : « En
ce moment, tout ce qui dans le monde porte un cœur
d'homme considère avec un émotion profonde l'infortune presque incroyable des 350,000 Français que les
Allemands ont conduits au delà du Rhin comme les
trophées vivants de leurs victoires. De toutes parts,
les comités se forment, les souscriptions s'organisent ;
et avec le même empressement qu'on mettait naguère
à faire de la charpie pour les blessés, on prépare des
vêtements de laine pour les malheureux captifs, em-

menés loin de leur patrie, sous un climat rigoureux, au début d'un hiver qui succède pour eux à trois mois de privations et de fatigues de toute nature.

» Mais quoi ! les prisonniers français en Allemagne manqueraient-ils donc de tout, et la puissance victorieuse abuserait-elle à ce point des triomphes de la force, qu'elle méconnaîtrait à l'égard des vaincus et des prisonniers les principes les plus élémentaires de l'humanité ?

» Toutes les fois qu'on veut plaider la cause d'êtres qui souffrent, on est porté, par un sentiment très naturel, à exagérer leurs souffrances, afin de les rendre plus intéressants et d'obtenir davantage en leur faveur.

» Afin de nous mettre en garde contre cet inconvénient, nous avons voulu, pour nous renseigner sur l'état de nos prisonniers en Allemagne, ne consulter que des témoignages allemands.

» Nous avons donc le droit de tenir ces témoignages pour irrécusables, et, sans courir le risque de dépasser la vérité par des descriptions emphatiques, nous aurons atteint notre but en révélant des souffrances dont il serait injuste de faire remonter la responsabilité au gouvernement prussien, mais qui sont trop

réelles pour être niées, trop déchirantes pour n'être
pas immédiatement et abondamment secourues.

» S'agit-il d'abord des prisonniers en marche dans
ces immenses et lugubres convois qui, après les capi-
tulations de Sedan et de Metz, ont été dirigés sur l'Allemagne ? voici ce qu'écrivait, le 8 novembre, un professeur de gymnase de Trèves :

» 60,000 prisonniers ont jusqu'à présent passé par
notre chemin de fer. Les pauvres gens paraissent bien
malheureux. Les malades restent ici ; mais parmi ceux
qu'on répute valides, beaucoup sont épuisés par les
privations qu'ils ont endurées dans les derniers mois,
et les infortunés tombent en chemin, mourants ou
morts, abandonnés sur les routes ! Que Dieu ait pitié
d'eux ! »

*
* *

Un journal de Trèves, de la même époque, *die Trie-
rische Zeitung*, confirme ces faits et y ajoute des détails plus navrants encore :

« Les paysans qui sont venus aujourd'hui pour le
marché de la contrée de Bitburg disent que, ce matin
encore, partout gisaient sur la chaussée des prisonniers
restés en arrière des derniers convois. Beaucoup se
lamentaient et gémissaient comme des mourants,

tandis que d'autres étaient étendus sans mouvement.

» Les cadavres marquent la route que les infortunés ont suivie en traversant la région de l'Eiffel.

» Tous les trente ou cinquante pas, on se heurte à un mort ou à un mourant. Souvent aussi, on les trouve tombés en monceau les uns sur les autres. Il faut remonter aux souvenirs de la retraite de Russie pour retrouver des scènes aussi déchirantes et un si funèbre spectacle.

» Les paysans et les autorités font bien tout ce qui est en leur pouvoir pour venir en aide à ces malheureux, mais les besoins sont trop considérables.

» De charitables Français, qui ont déjà porté des secours aux dépôts de Coblentz, de Cologne, et qui ont été témoins de l'arrivée des convois de prisonniers, confirment absolument ces pitoyables détails.

» Voici maintenant, sur la situation des prisonniers déjà internés, la vérité exacte :

» Leurs souffrances viennent à la fois de l'état d'affaiblissement où la guerre les a mis, de la température pluvieuse de cet automne, et surtout de leur grand nombre.

» Ainsi, malgré l'activité avec laquelle l'administration militaire a fait des baraquements en bois pour l'hivernement de nos hommes, les prisonniers, dans un certain nombre de dépôts, sont encore sous la tente. Les jours de pluie, et on sait s'ils ont été fréquents depuis deux mois, les terres se détrempent, et on piétine dans une boue liquide. Et comme un grand nombre de prisonniers n'ont encore que les vêtements et les chaussures ou percés ou éculées, il en résulte qu'il n'y a aucun moyen pour eux de se garantir d'une pernicieuse humidité. De là, les fièvres, les dysenteries, les typhus, l'encombrement dans les hôpitaux, et déjà malheureusement, une proportion très considérable de décès.

» Tous ces détails sont empruntés à des témoignages allemands. Nous les reproduisons sans accuser personne. Nous savons, au contraire, par les autorités les plus dignes de foi, que l'intendance prussienne fait tout ce qu'elle peut pour remédier à cette situation. Mais on n'habille pas et on ne chausse pas 350,000 hommes ni en huit ni en quinze jours.

» De là des souffrances qui, tout en étant la conséquence forcée de circonstances exceptionnelles, dépassent de beaucoup la moyenne des souffrances inhérentes à la captivité.

» De là, par conséquent, l'obligation pour la charité

privée de compléter ce que l'administration allemande fait pour son propre compte avec un louable empressement, mais qui est nécessairement incomplet et insuffisant.

» Ce n'est pas tout : nos prisonniers n'ont pas seulement des corps à vêtir et à protéger contre le froid et l'humidité.

» Il y aurait aussi à se préoccuper d'eux au point de vue intellectuel et religieux.

» De toutes parts, ils réclament des livres. L'ennui les dévore.

» Il faudrait pouvoir établir dans chaque dépôt une petite bibliothèque de livres français, à la fois instructifs et moraux.

» Il faudrait aussi pouvoir multiplier auprès d'eux le nombre des aumôniers. Le gouvernement prussien a eu soin de faire mettre un prêtre catholique dans chacun des camps ou des hôpitaux. Mais que peut faire un seul prêtre animé même du zèle le plus ardent, là où il y a des milliers de prisonniers, et parmi eux des centaines de malades qui, à eux seuls absorbent déjà tout son temps et toutes ses forces ?

» Aussi, en plusieurs endroits, les aumôniers militaires allemands sont les premiers à réclamer du renfort. Déjà le grand aumônier, *Mgr Namzanowski*, a donné des pouvoirs à quelques prêtres français qui se sont offerts à lui. D'autres sollicitent la même faveur en ce moment.

» Nous avons tout lieu d'espérer que le ministre de la guerre à Berlin leur fera délivrer toutes les autorisa- tions nécessaires pour qu'ils puissent satisfaire leur zèle et porter à nos compatriotes des secours que leur infortune rend si indispensables.

» Mais toutes ces choses, l'achat des vêtements, des livres et l'envoi des prêtres auxiliaires ne peuvent se faire sans argent.

» Nous nous adressons avec confiance à la charité publique, en Europe et en Amérique.

» Nous savons qu'on a déjà beaucoup donné pour les blessés. Mais c'est le privilège de la charité d'être à la fois importune et inépuisable.

» Qu'on accueille donc avec faveur notre appel en faveur des prisonniers de guerre, et que par de promptes et abondantes souscriptions, on nous per- mette, sinon de faire disparaître entièrement du moins d'adoucir de si pénibles souffrances ! »

. .

A l'appel chaleureux du R. P. Perraud, la grande

Pour un grand nombre, pas même l'habit militaire; des sabots, des
pantalons de toile, des bonnets de coton... (Page 337.)

voix de *Mgr Dupanloup*, évêque d'Orléans, s'unissait aussitôt par la lettre suivante :

« Mon révérend Père et excellent ami,

» Je ne puis qu'applaudir de tout mon cœur à la patriotique et chrétienne pensée que vous avez eue, de concert avec M. *de Melun* et plusieurs autres hommes voués aux bonnes œuvres, d'établir un comité à Lille et bientôt un autre à Bruxelles, pour s'occuper de nos 300,000 prisonniers en Allemagne, et pour appeler, concentrer, distribuer les secours de toute sorte, destinés à soulager les affreuses misères de tant de braves militaires victimes du fléau de la guerre.

» Sans vouloir accuser ici leurs vainqueurs, je sais cependant, et mon cœur en est déchiré, tout ce que nos prisonniers souffrent et combien de choses nécessaires leur font défaut, surtout dans cette rude saison d'hiver.

» Je suis surtout profondément navré en pensant aux malades et aux blessés, si nombreux, hélas ! qui auraient besoin, pour se rétablir et ne pas mourir, de soulagements qui souvent leur manquent, et que leurs familles, ou pauvres ou trop éloignées, ne leur sauraient procurer.

» Ne faut-il pas, dans cette cruelle détresse, que ce soit la grande famille chrétienne qui leur vienne en aide, et supplée auprès d'eux leurs pères, leurs mères, leurs frères et leurs sœurs absents ?

» Soyez donc mille fois béni, mon cher Père, de la charitable et si heureuse pensée que vous et vos amis avez eue, et qui vous a été inspirée par Celui duquel il est écrit qu'il est la charité et l'amour même : *Deus charitas est.*

» Je voudrais avoir mille voix et pouvoir me faire entendre de toute la terre pour convier, en France et ailleurs, tout ce qu'il y a d'âmes nobles et tendres à s'associer, par les plus larges offrandes, à votre excellente œuvre. Il y aura en cela plus encore que le soulagement de ceux qui souffrent, et qui seront ainsi abondamment assistés ; il y aura un éclatant témoignage de la fraternité chrétienne, de cette large et universelle charité qui regarde comme siennes les souffrances de tous : *Quis infirmatur et ego non infirmar ?* Et il y aura en même temps un grand et puissant moyen de réparation et de régénération morale pour notre pauvre société si malade.

» J'ai souvent pensé, mon cher ami, et cette idée me frappe toujours davantage, que Dieu, dont l'admirable

Providence sait faire sortir le bien du mal, tirerait de cette désastreuse guerre, pour tous les prodiges de charité et de dévouement qu'elle multiplie, l'expiation de nos fautes et le remède du mal profond qui ronge depuis si longtemps, et surtout en ce siècle, notre pauvre Europe.

» Que n'a-t-on pas fait déjà — et cela n'est rien auprès de ce que l'on fera encore, je l'espère — pour venir au secours des malheureuses victimes de la guerre !

» Que d'argent déjà généreusement versé, et, ce qui est plus digne d'admiration, que de nobles dévouements personnels ! Combien d'hommes ont tout quitté, leur pays, leurs affaires, leurs familles, pour se mettre comme pourvoyeurs et infirmiers à la suite de nos pauvres soldats ! C'est la grande armée de la charité qui accompagne l'armée de la guerre pour panser les plaies que celle-ci fait, et pour mettre partout l'amour à côté de ce qui ne ressemble que trop, hélas ! à la haine. Je ne parle pas des héroïques dévouements de nos prêtres, de nos bons Frères et de nos admirables Sœurs de charité : cela est si naturel que, même en l'admirant, nous ne saurions en être surpris. Mais tout cela est beau et grand, tout cela attire les regards du ciel et apaise la justice divine. Tout cela, l'effet en est déjà visible à tous, frappe les esprits, émeut les cœurs et réconcilie les âmes, même les plus étrangères à la foi chrétienne, avec une religion qui inspire tant d'amour et qui enfante de si puissantes merveilles de charité.

» Il est écrit de l'aumône, inspirée par l'amour de Dieu et des hommes qui sont ses enfants, « qu'elle » fait trouver miséricorde : *Eleemosyna facit inve-* » *nire misericordiam* ». Cela est vrai des nations comme des individus, et c'est ce qui me fait espérer, si nous continuons comme nous avons si bien commencé, que Dieu aura pitié de nous, et qu'aux tristesses du présent succédera bientôt un avenir meilleur. La France et l'Europe, retrempées dans le malheur et dans la charité, redeviendront chrétiennes, et les principes si déplorablement ébranlés de l'ordre moral et social se raffermiront sur le nécessaire fondement de la religion.

» Poursuivez donc votre œuvre de charité, mon cher ami, avec l'infatigable zèle que vous y déployez depuis six mois. Je m'y associe de toute mon âme, j'y contribuerai de tous mes [moyens [et j'exciterai, autant que je pourrai, le zèle autour de moi pour vous pro-

curer des coopérateurs nombreux et des secours abondants.

» Tout à vous en Notre-Seigneur,

» FÉLIX, évêque d'Orléans. »

C'est par cette belle lettre que nous terminerons ce livre malheureusement trop court.

Si dans ces quelques pages nous avons pu faire voir au lecteur que partout en France l'amour de Dieu est inséparable de l'amour de la patrie, nous aurons modestement accompli le but que nous nous proposions, car, pour nous, il n'est pas de devise plus belle que celle de : DIEU ET PATRIE !

APPENDICE

Le 20 août, le *Moniteur de l'armée* publiait la liste
des aumôniers officiels (1).

ARMÉE DU RHIN. — *État des aumôniers militaires.*

GRAND QUARTIER GÉNÉRAL

M. l'abbé Métairie, chapelain de l'Empereur.

GARDE IMPÉRIALE

Quartier général : M. Maurin, aumônier titulaire de
la garde.

(1) A ce sujet l'*Univers* du 21 août faisait remarquer avec raison
que l'insuffisance du chiffre des aumôniers sautait aux yeux et
que M. l'abbé *Lainé* eût dû se démettre de ses fonctions plutôt que
d'y adhérer. Ce journal fait aussi la remarque que, relativement
au chiffre de la population, les pasteurs protestants étaient plus
nombreux que les prêtres catholiques. En effet, il y avait 46 prêtres
et 11 pasteurs et on comptait 39 soldats catholiques contre un
soldat protestant.

1re Division d'infanterie : M. Morel, aumônier de l'Ecole vétérinaire de Lyon.

2e Division d'infanterie : M. Marahal, ancien aumônier militaire.

Cavalerie : M. de Kervéguen, aumônier de la place de Vincennes.

1er CORPS

Quartier général : M. de la Motte de Beuvron, premier aumônier du Val-de-Grâce.

1re Division d'infanterie : M. Grunnvald, vicaire à Belfort.

2e Division d'infanterie : M. Gillet, curé de Saint-Eugène (Algérie).

3e Division d'infanterie : M. Gillard, secrétaire de l'archevêque d'Alger.

4e Division d'infanterie : M. Vallée, aumônier des Quinze-Vingts.

Cavalerie : M. Gardey, vicaire à Saint-Thomas d'Aquin.

2e CORPS

Quartier général : M. Baron, aumônier de l'hôpital militaire du Gros-Caillou (Paris).

1re Division d'infanterie : M. Bolard, vicaire de Grenelle.

2e Division d'infanterie : M. Portier, aumônier des prisons militaires à Paris.

3e Division d'infanterie : M. de Courval, vicaire de Saint-Pierre (Paris).

Cavalerie : M. Wollenschwiesder, curé de Lignon (Gironde).

3e CORPS

Quartier général : M. Tchenoz, aumônier militaire à Besançon.

1re Division d'infanterie : M. Gorrin, curé du Mesnil-Saint-Firmin (Oise).

2e Division d'infanterie : M. Jacques, aumônier de la prison militaire de Metz.

3e Division d'infanterie : M. de Meissas, chapelain de Sainte-Geneviève de Paris.

4e Division d'infanterie : M. Bernard, chapelain de Sainte-Geneviève de Paris.

Cavalerie : M. Billay, vicaire de Saint-Pierre (Montrouge).

4e CORPS

Quartier général : M. Vincent, aumônier de l'hôpital militaire de Vincennes

1ʳᵉ Division d'infanterie : M. Grosmain, aumônier de l'hôpital de Bourbonne-les-Bains.

2ᵉ Division d'infanterie : M. Dumollard, du diocèse de Versailles.

3ᵉ Division d'infanterie : M. Sebaux, professeur au petit séminaire de Paris.

Cavalerie : M. Lamarche (1), premier vicaire de Charonne.

5ᵉ CORPS

Quartier général : M. Darnis, aumônier de l'hôpital Beaujon (Paris).

1ʳᵉ Division d'infanterie : M. Berger, du diocèse de Toulouse.

2ᵉ Division d'infanterie : M. Pougeois, aumônier des forts et casernes (Paris).

3ᵉ Division d'infanterie : M. Fabre, professeur au petit séminaire de Paris.

Cavalerie : M. Fiard, vicaire à Tain (Drôme).

6ᵉ CORPS

Quartier général : M. Chilard, curé de Saint-Sébastien (Eure).

(1) Aujourd'hui évêque de Quimper.

1re Division d'infanterie : M. Provost, vicaire de Saint-Bernard (Paris).

2e Division d'infanterie : M. Garnier, aumônier du collège Stanislas (Paris).

3e Division d'infanterie : M. Reagnard d'Aroud, du diocèse de Lyon.

4e Division d'infanterie : M. Coulanges, curé de Bouillly (Marne).

Cavalerie : M. Dartain, du diocèse du Strasbourg.

7e CORPS

Quartier général : M. Lanusse, aumônier de l'hôpital militaire de Saint-Martin (Paris).

1re Division d'infanterie : M. Roudil, du diocèse d'Alger.

2e Division d'infanterie : M. de Vislaines, vicaire à Issy (Seine).

3e Division d'infanterie : M. Hestala, curé de Vintrou (Tarn).

Cavalerie : M. Lefebvre, vicaire à Grenelle (Paris).

RÉSERVES

1re Division de cavalerie : M. Cherpin, curé de Saint-Forjeux (Rhône).

2ᵉ Division de cavalerie : M. Juin, du diocèse de Lille.

3ᵉ Division de cavalerie : M. Galho, ancien aumônier militaire à Viviers.

* *

Le Journal officiel du 9 février 1871 donnait une liste de promotions au grade de chevalier dans la Légion d'honneur :

Aumôniers militaires : l'*abbé Doucet* ; (Léon-Emmanuel) ;

L'*abbé de Pélacot* (Gustave-Adolphe) ;

L'*abbé Perdrigeon* (Jean-Baptiste-Louis-Clément) ;

L'*abbé Rainaud* ;

L'*abbé Munet* (Joseph), une blessure ;

L'*abbé Visidari* (Jacques-Pierre) ;

Bransiet (Mathieu), en religion *Frère Philippe*, supérieur général des Frères des Écoles chrétiennes.

* *

A la date du 21 juillet 1870, on lisait dans l'*Univers*, sous la signature de son rédacteur, M. Arthur Loth :

« Nous faisons appel à la charité de nos amis et de tous les catholiques pour un comité que l'on va fonder, et dont le but serait principalement de subvenir aux besoins religieux des soldats. »

Les premières listes de souscription, que nous donnons ici à titre de documents, montrent l'empressement avec lequel on répondit à cet appel.

Première liste (1).

L'*Univers*.	1,000 fr.
Louis Veuillot.	100 »
Du Lac.	50 »
Eugène Veuillot.	50 »
G. Chantrel.	50 »
Léon Aubineau.	50 »
Arthur Loth.	25 »
Auguste Roussel.	25 »
Ernest Schmarter	25 »
Claudius Lavergne.	30 »
Stanislas Desquers.	25 »
Les Augustins de l'Assomption. . .	100 »
R. P. Barlier, J. S.	20 »
Le Clergé d'Ars-sur-Moselle.	25 »
L'abbé Barthélemy, premier vicaire de la Trinité, à Paris.	50 »

Deuxième liste (1) (17 juillet 1870).

Guesdon, curé de la Corneille. . . .	10 fr.
Chéron, vicaire de la Corneille. . .	5 »
Duguey, prêtre auxiliaire, de la Corneille.	5 »

(1) Cette première liste donnait un total de 2,141 fr 25.

Les missionnaires d'Arras. . . . . . 35 fr.

Alexandre Thomas, chanoine de Versailles. . . . . 5 »

Le directeur et les professeurs de l'institution ecclésiastique de Saint-Calais *Religioni, Deo et Patriæ*. 100 »

Le curé d'Ancey, son vicaire et un sous-diacre, ex-caporal au 57ᵉ de ligne, canton de Pontorson (Manche). . . . . 15 »

Delaunay, doyen de Beaumont-le-Vicomte. . . . . 20 »

DIOCÈSE DE BOURGES

Le curé de Vic-sur-Nahon . . . . . . 5 »

— de Lye. . . . . 5 »

— de Veuil. . . . . 5 »

— de Cuçay le Mâle. . . . . . 5 »

— de Valencey. . . . . 5 »

L'abbé Tr. Perdriat, curé de Saint-Thomas, à Nevers . . . . 10 »

L'abbé Auguste Boulangier, Vienne. 5 »

L'abbé Brancois, curé de Wairville. 5 »

L'abbé Sauvage. . . . . 5 »

L'abbé Rufelles. . . . . 20 »

(1) Total de la 2ᵉ liste : 3,396 francs. La 3ᵉ liste, total : 7,891 fr. 50. — Le 8 août, ces souscriptions se montaient à 50,541 fr. 15, plus les dons en nature.

INDEX DES NOMS CITÉS DANS L'OUVRAGE

TABLE DES GRAVURES

PRO DEO

TABLE DES MATIÈRES

ÉMILE COLIN. — Imprimerie de Lagny.

A LA MÊME LIBRAIRIE